KEEP A TRUE LENT

真正的四旬齋

查爾斯·菲爾莫爾 (Charles Fillmore) 著　孔繁秋 譯

透過節制提升精神意識，
與神的旨意相結合，焚毀世上一切罪惡

齋戒（Fasting）：進行飲食上的戒慾，象徵耶穌曠野 40 天的禁食。

禱告（Prayer）：加強與神的連結，以期獲得神的指引和力量。

悔改（Repentance）：檢視自己的生活，明白罪惡並尋求神的寬恕。

施捨（Almsgiving）：幫助有需要的人，展現愛和關懷的價值。

目錄

目錄

前言

　　基督教世界又再一次紀念四旬齋，四旬齋是在舉世同歡的節日——復活節之前的禱告和禁食的節日。人們普遍認為，四旬齋是耶穌復活之前的四十天的一系列事件。這是一個錯誤的想法。四旬齋是一個教堂制度，在新約的任何地方都無法找到出處。然而，齋戒卻有一個可靠的精神根基，摩西、以利亞和耶穌本人開創了這個先例。每個人把這四十天的禱告和禁食時間當作是一個關於教會的工作。當摩西完成節食時在峭壁上刻出的十條戒律；以利亞在西奈山完成他的禱告和節食時，他能與上帝溝通；當耶穌完成了戈壁節食的時候開始了神聖的牧師工作。

　　古典作家希伯來開創了用數字來作為思想象徵的先河。四十，在他們的眼中，是「堅定」的數字，意味著一個做事要跟隨的基本原則，那就是完整和統一。所以，四十這個數字就經常被經文引用來表示仿效的事的完整準備。我們認為四旬齋是一個為靈魂從它的罪過、迷惑、錯誤的信念中重活過來的準備期，從而進入理解之光。

　　四旬齋，是一個使高尚的思想具體化的教會風俗，對身體

前言

進行領會淨化和修行，使其朝著最終能使他們更能容納基督思想的方向上發展。就像很多其他的宗教習俗，四旬齋更多的是透過在字面意義上的紀念而不是從精神上紀念。

很多人對四旬齋只是一時的愛好。放棄一些與飲食相關的奢侈品對身體是有好處的，同時在涉及精神自律上也有著積極的心理作用。不過這種紀念的方式與成為基督教徒並沒有太大的連繫，無神論者也同樣受益。

每一個跟隨耶穌的人都會真正按照基督教導祂的門徒所祈禱和禁食的方法來進行齋戒。祂說，禱告和節食是取得精神力量的不二途徑，同時也是感受到上帝存在的純潔和淨化心靈的方式。當門徒無法治癒癲癇患者的時候，耶穌會告訴他們，他們缺乏一種信念，那就是要治癒像這種無法治癒的病，只能透過禱告和節食。

耶穌揭示了節食與禱告一樣，是祂與上帝之間的事情，耶穌告訴眾多門徒，不要公開禁食。

祂說，「做了好事不要在別人面前炫耀，行在暗中，天父在祕密檢視著，祂會大大地回報你」。祂在禱告方面有著同樣的傳授。禱告和禁食，是與上帝交流的事情，與外在的表現形式沒有關係，是與靈魂之間的交換。沒有與上帝建立溝通的橋梁，那麼透過外在的禁食形式也是在做無用功。在禁食期間，靈魂

必須全心全意地想著上帝，否則禁食就沒有精神價值了。

如果我們要「擺脫不道德的束縛」，那麼我們必須懂得放棄所有不值得尊重的思想，享受善行以及真善美。依照聖靈而不是表面上的意義來紀念齋戒，我們必須遠離批評和懲罰，盡情享受兄弟般的愛；遠離生病和懦弱，享受上帝的無所不在和美好的生活；遠離不足和缺點，享受上帝慷慨的遺贈。上述的想法為四旬齋的冥想形成了優等的基礎，有助於建立心靈和思想永恆的精神價值。

拋棄人類和國家，能夠位於上帝慷慨的遺贈中的思想，是紀念四旬齋最有價值的方法之一。在這個時候，應該去肯定耶穌精神滲透到人體內，並且完全地影響著他們的思想和言行。我們大家都想為建立世界的和平貢獻出一份力量，為此，我們要遵從保羅的訓誡：「讓我們追隨那些和平的行為」。我們每個人都在為如何改善自己的生活而煩惱著。為此，我們必須學會否定我們一時衝動的自私，順從兄弟之愛。當我們從錯誤和沒有價值的思想中收回我們的注意力、興趣和擁護的時候，那麼我們就做到了真正的禁食。而當我把同樣的注意力、興趣和擁護去容納持久的善行時，那麼我們就是在享受真正的禱告。當我們完整地按照上帝的指示禁食，那麼我們也就在提高報答上帝慷慨的遺贈的能力。

前言

　　※ 出版者言：有些組織的學生會意識到他們之前閱讀了一些在「給一個真正的齋戒」裡的資料。書裡的一些資料曾完整地出現在組織雜誌上，部分也可能出現在查爾斯‧菲爾莫爾的其他著作中。這些資料是透過這種方式收集起來的，主要是為了能夠讓讀者在齋戒期間提供一個全方位的認知。

第一章　走向圓滿的必由之路

　　我是全能的上帝；走在我的前面，成就你的完美。

　　在做禱告的時候，我們要深信，上帝是全能的，是宇宙中的最高統治者，祂是無邊和永恆的，我們需要知道上帝是根本的、不能改變的普遍真理，「一個沒有變化，透過轉動也不會被蒙上陰影的人」。

　　上帝是天地萬物中的極好的表達。我們了解上帝，並「在精神上崇拜祂」，我們把祂看作是無所不在的、無所不知的、無所不能的，樂意情願地指引人民、保佑人民和拯救人民的最偉大的真諦。

　　與上帝同行就是與真義同行，肯定精神力量是靈魂和身體的統治力量，走在光明之下，並因此把這種智慧應用到我們的日常生活中，承認神父是我們所有知識的來源、是我們所有行為的主要起因。

　　這種思想引領我們知道上帝帶來和平，這種寧靜的堅持不會為了結果而使人感到厭倦、疑問和壓力。祂創造並控制了整個宇宙。在上帝的眼裡，「我們的生存、行動，我有我們的思想」。

　　思想是人類與上帝經常見面的原因，並且透過這種加速的腦部運動，像是在禱告，我們能夠有意識地與唯一的造物者上帝結合。

禱告是精神的語言，能夠提高人類的素養。禱告能夠使人把握創造性思維的領域，禱告的內在含義是偉大的精神力量的來源。生活中的種種跡象都毫無例外地服從這一規則。「靜靜地，你就會知道我就是上帝」。

　　活的上帝之言，神聖的心裡有創造力的思想，人類透過完善祂的措辭而被表達出來。履行上帝之言，唯一的辦法就是在腦海裡反覆思考，從各方面去理解它，相信它就是真理，珍愛它就像是及時的救命香油，最重要的是，遵從它本身的規律。

　　救世主是上帝指派的具有聖靈思想的人，是所有聖靈思想在人類身上的化身。耶穌就是「彌賽亞」和「救世主」。耶穌是人類活著的基本信念「祢是基督，是永生神的兒子」。

　　「豈不知道你們是神的殿，神就住在你的靈？」在這個指引下，耶穌被築建在人類的思想能力裡的新形體。精神上的物質就是築建在這個上層建築中的物質，這個新的產物就是靈魂的形體。它是有呼吸的，並且與一個比真實更真實的能證明的人的生命能量。當我們意識到耶穌存在於我們身體裡的時候，我們就能感覺到令人振奮的內在的精神力量。我們知道保羅所說「有一種天然的身體，也有靈性的身體」。真正的耶穌的神殿是一種覺悟的表達，在每個人最中心的地方都有著耶穌的駐紮地。

　　你願意在這個令人害怕的地方與上帝會面嗎？如果願意，

那麼就安靜地進入至聖所，並從頭到尾經過耶穌的力量。在這裡，真實是至高無上的。疑問和恐懼都無法進入。在這個地方，你只對偉大的無處不在的上帝有著清醒的認知，遵守光明的、愉悅的、和平的以及滿足的地方，真理占據著統治地位的地方。

在這個範圍裡面，你會發現，以太思想因為精神轉向了精神物質而被重重地懲罰。隨著你的覺悟不斷地加深，你就可以接觸到永恆的真理，每個祝福都是滿滿的。所有的東西看似是新的，除去已經揭開了的永恆存在的序幕。

保羅在《哥林多前書》12:4 中指出的就是這種與靈魂的高度統一，他說人類「追逐到天堂，聽到了不能被聽到的話」。

在這個領域裡，注意力都要集中於自我意識，或者內在的實體都聚焦在上帝之言上，直到內在的含義被挖掘，並且意識到人的精神得到提升。

持續地對真理的冥想，即是在上帝的思想上更加開放地接受更多的流入精神。那麼道就能夠使生命變得活潑並且為身體和靈魂提供滋養物質。「讓耶穌的話充分地與你融合」。

你對真理的積極對待，確信它可以聽見的思考有助於幫你解決心靈上的錯誤，同時揭發更偉大的精神啟發。也就是說「吃掉它們」。與你形成精神物質以及能夠證明耶穌在它身上全然的

身體分享。讓「耶穌在你身體裡形成」。神聖的靈魂用它的光明填滿了你的存在，重生的力量以及無所不知的人照耀著你正如基督那樣，這樣就能證明越來越多的精神領悟了。

人類讚美耶穌的延伸智慧的同時也不斷加深和豐富著它的覺悟。耶穌在人類的思想上，灑滿光明，祂用內心看到的，並且發現真理是一個永不墜落的光明，一直指示著人類前進的道路。

在這樣高的意識狀態中存在萬能的上帝的心靈帶來了神的完美，祂知道自己的形象和相似性，祂的創造者從一開始就被植入的基督精神。

當我們把認知到的永恆精神在我們的生命中是與神父相連繫的時候，耶穌就復活了。每個人都必須壽終正寢的觀念，被認為是一種局限和不可避免地遵守物質守恆，都被埋在了物質的墳墓裡。

真正的耶穌的復活從各方面提高我們的思想能力，直到與絕對的神的靈魂保持一致。這種精神上的更新，為身體帶來徹底的轉變，以至於每個身體的功能都有條不紊地進行著，每個細胞都變得潔淨和不朽的。

為了永生或者使身體和靈魂永遠保持年輕，你最好經常不斷地肯定這些：

「感激耶和華，我的靈魂啊；
所有在我身體裡的，感激祂那神聖的稱呼。
感激耶和華，我的靈魂啊，
不要忘記祂的好，
那個原諒你所有不恰當行為的人；
那個治好所有疾病的人；
那個從破壞中拯救你生命的人；
那個冠冕你慈愛和溫柔的憐憫的人；
那個滿足你對美好事情的欲望的人；
以至於你年輕的生命就像是雄鷹。」

第二章　三位一體

神聖的三位一體：神父、聖子、聖靈。

從形而上學的角度看，我們把三位一體理解成靈魂、思想和表達或者思考者、思想和行動。

上帝是第一位，上帝無處不在的是靈魂，上帝是道義、是規律、是存在、是神、是善德；無所不能的、無所不知的、無所不在的、不能改變的創造者，神父，所有存在的東西的起因和源泉。上帝是永遠都能夠碰觸得著的神。

上帝是人類生命中不能改變的生命、愛、實質和聰明智慧的原則。在數學和音樂的規律中，你可以找到相似的地方。原則不會占據任何地方，也不會有任何時間或者物質上的限制，不過當一個人在找到所有真正的思想湧現出來的原因時就永遠地存在了。

通常，上帝的靈魂是包含著所有可以看見的事物的內在原因的靈。它是唯一的真實的實質，因為祂是不可改變的不斷轉型的可見物質。神作為實質的東西，不是真正的實物，因為物質是有形的，而上帝卻是無形的。上帝就是在所有物質和所有形式背後的真正的實質。這是所有物質形成的基礎，然而卻不會最終成為任何形狀。它聞不到、摸不到，然而卻是唯一存在的「本質的」物質。

聖子是第二位。三位一體是人類對上帝的看法。在舊約中

稱作耶和華，在新約中稱作耶穌。三位一體中的第二位也稱作基督、上帝的兒子、標誌、獨一無二、我是。

聖言解釋了人們自己的力量和可能的事。聖言的探照燈揭露了生命和能量存在的祕密源泉和來源。人類的覺悟被上帝的話語提升了，並找到了自己掌控無限的力量和特權。他跟耶穌說「無論在天堂還是在人間所有的權利都賦予給我。」

要產生工程，那就必須要有建造工程的動力。這就是神之道建造工程的力量所在。

每個人的過程都有著一連串從探索到結論的過程，在這個過程中的每一步都是根據已知的規則進行的。上帝之言傳遞給世界的都是上帝的概念。

持續地對真理的冥想包含對聖靈的坦誠，然後所有的話語都會使身體和靈魂充滿活力以及富有營養。「讓上帝的話深深地融入你的身體」。

在聖壇前面保持沉默，並且把你的問題告訴耶穌。聖壇是一個你有意識地放開自我成就大我，放開個性成為聖子中獨特的個體的地方。

而在這個壁櫥的祈禱，以有力地固定你的思想直到這種思想形成一個確定實質的核心以達到極點。而這通常伴隨著精神的復甦或者聖靈的流露，這是三位一體中的第三種。

　　聖靈的職責蘊含了很明顯的人的存在：祂說話，尋找，選擇，揭示，責罵，作證，領導，安慰，都是為了貢獻給每一個人，「所有的事物，是的，都是上帝最內涵的東西」。

　　集中來說，聖靈完成了聖旨，帶來了神聖心靈的果實。聖靈就是老師。老師和學生都接受並且使用同一種原則，但是老師喚醒和鼓勵學生去創造更輝煌的成就。在當今的解釋中，聖靈就是鞭策我們去取得更大的精神動力。

　　安慰者是聖靈的另外一個稱呼，耶穌說：儘管我可以告訴你真相，我的離開對你來說是權宜之計，因為如果我不離開，安慰者就不會來到你的旁邊，但是我離開了，我會把他送到你的身邊。當他來到的時候，他會在原罪、正義、判斷方面宣判這個世界有罪。

　　耶穌的使命就是指引一條聖靈通往人類靈魂的道路。但是當安慰者來到的時候，我將傳送給神父，甚至是真理的聖靈，他將為我做見證。

　　我們要透過在思想活動中探究我們的靈魂及其可見的細小部分，來達到理解神父、兒子以及聖靈之間的關係的目的。每個人都是上帝的一個影像和相似物，這個宇宙中的創始者。

　　透過證明你的信仰，那麼你的話語是具有力量的。簡單的信仰或者對真理的屈服不能被任何人所理解。你必須要有精神

的活動，一個嶄新的意識狀態占據著你的靈魂，那麼你的思想的徹底改變是必須的。

因此，對於那些經常被問到的問題的回答，「誰是聖靈？上帝，耶穌的關係是什麼關係」。使徒知道這種關係，聖靈就是三位一體中的第三位。聖父永遠是第一位，聖子或者道是第二位，然後聖靈才是第三位。聖父和聖子表示一個永恆的和相互產生作用的關係。聖靈是神父無限的「氣息」，正如聖子是祂無限的「道」。

只要被人們意識到，那麼無論在什麼情況下，神的心靈就會出現並存在於人們的腦海裡。因此，祂就一直跟隨著那個把注意力集中在聖靈，用道來掩蓋自己身分證明的人，透過一個人的意識來使他開始一段懷有聖靈思想的生活。就為了證明他自己的存在是唯一的，他的言行都變得與聖靈相關，直到他能夠與耶穌交流，達到最終的統一。「我和神父是一體的」。

在你做宣傳的時候，為了證明在你的信念裡，你是上帝的兒子而效勞，接著，用你的話把它說出來，用實際行動來證明。如果你做了，但是失敗了，想想為什麼。「問問你自己，為什麼會這樣⋯⋯敲一下，門就會為你開啟」。可能你忽視了某些精神上的力量，或者你在感覺的層面上驅散了你的能量。

順其自然吧，當你在聖壇前詢問聖靈的時候，你為什麼不

能像耶穌演示拿撒勒那樣證明你自己的力量，聖靈就會揭示你有什麼不足的地方。但這個為什麼存在，就沒有人能夠告訴你了。但是如果你有足夠的耐心和虔誠的話，你就會得到指引，所有你身體內的神經都會得到緊密的連繫以及完美地結合，然後聖子就會把真相告訴你。

第三章　不是用手建造的房子

✝ 第三章　不是用手建造的房子

　　我們，作為形而上學家，很仔細留意著我們在論證中的邏輯性。我們認為所有的真理在神聖心靈上都有其起源。無論我們怎樣構想事物是真實的，都要從它的起源著手，如果這種事物不管怎樣都不符合這種規律的話，這就是我們的失誤，或者我們不能看清楚它的全部，或者我們對這種事物缺乏認知。同樣地，如果我們堅持自己的理由，好人只能產生美德，那麼我們就有了正確的結論。基於這種邏輯之下，我們就會發現，在造物中有兩個步驟，思想的形成以及由思想帶來的後者，就像人們在腦海裡形成發明模型的概念，然後再有這種模型的出現。上帝是全能的思想。上帝首先創造了思想，祂創作的理念是完美的，其他的思想也依賴於這個完美的想法。人類的肉體必須依賴著神聖心靈，從邏輯上而言，內在的生命物質是美好的。

　　但是你會說，「我沒有一個完美的身體，我的身體不是完美的，我能夠用肉眼看到」。那可能是你還不明白，你還沒有正確地領悟到「上帝的身體」。保羅說，那是引起疼痛、疾病和死亡的原因。

　　在我們的思想中，我們有一個健康的身體，而透過我就是上帝，或者耶穌在我們的身體裡來表達你有一個健康的、完美的身體。只要我們接受了它，就很快現身了，就像我們察覺上帝他本身那樣。

真正的生命之源就存在於你的身體裡。走進去，並且把你那重要的物質之門關上。告訴上帝你的問題所在，開始釋放你潛在的能量吧。每天堅持這種做法，一點點地說你做了什麼。構成你身體的千千萬萬個細胞的極好的融合，是伴隨著與聖靈的結合，反之亦然。如果你想看到聖靈真正表示的話，你要做的就是用你的思想去努力的想像。把我的身分融入它，肯定上帝已經慢慢地在你的手、你的腳、你的心臟，以及你身體器官的每一部分中理想化了。

　　這是一個很好的邏輯吧？這個辦法行得通嗎？當然行得通，這是形而上學中能治癒的真正祕密。起初，道就是上帝，但是道在人類中變得肉體化了，他們能夠看見耶穌的身體，祂的榮耀以及祂的完美。耶穌基督是上帝的指派者。耶穌從死亡中將他拯救出來，帶到一個所有東西都是那麼純潔的，以至於沒有分解的力量能夠分裂這裡的一個天堂般的地方。這對身體超出普通的猜想有重要的幫助。人們想靈魂的解放是對基督教生活的擺脫，但是，耶穌和保羅都強調人們的能力「把它放下，然後，又重新把它拿起」，甚至這裡「住著上帝的寺廟」。

　　我們能不能從死亡中挽救我們的身體呢？答案是可以的，你就把天堂看作是上帝居住的寺廟，那意味著我們不只是拿望遠鏡看，而是要在思想中形成這種概念。我們必須用我們的心看清楚我們的身體，我們必須用聰明的思想看清楚。我們可以

看見耶和華，在我們身體裡的耶穌。

　　當一個完美無缺的人，被一個純潔的理由，一個精神的理由構想出來的時候，這個人就把自己看作是上帝的靈魂，耶穌的身體也就馬上能夠看見了。我們每一個人都能用耶穌提及的，用一隻眼睛能夠看見我們的身體，透過對現實充滿信念，那麼肉眼能夠看見的身體就能得到重生。我們的身體很好地服從於我就是。你的身體以一種很快的速度去完成這項指令，那是透過思想才能達到更新和轉換的。因為人終有一死，所以很多人都只能看到表面上的離去，卻不知道那才是真正的延續。我們知道，當我們患上或者正處於疾病的時候，是我們的正確思想來幫助自己治癒以及恢復健康的。還有什麼是不能治癒的呢？全部都是能夠治癒的。為什麼我們已經有神聖的心靈存在腦海中，但是我們的身體仍然不能正常地運轉以及達到完美呢？這就是純粹的理論和邏輯在支撐著我們。我們每個人都是一樣的，都會死去，或者我們將要死去，而這個邏輯是好的，如果能夠證明可以治癒某種疾病。我們知道在這個宇宙的背後，存在著一個神聖的力量，這就是上帝，這無不讓我們感到興奮，更重要的是，讓我們知道生命中不僅僅是在堆砌著物質的東西，我們可以成為真正的人，所有純潔的理想都能得到實現。

　　每一個活體都是神的真正身體，尤其是一個美好的身體，

一座神殿。神自己就住在那座寺廟裡，祂不需要點燈，因為祂自己會閃閃發光，照亮了生命和健康。我們的身體響應生命和健康的速度如此之快，我們也能感受到一股健康的血液在沸騰著，這是我們擁有了正確思想的魅力啊。忽視其他外在的事情，專注地想，我們就是神聖心靈的完美示範，這樣就能夠治癒我們身體裡的疾病了。疾病不是自然的。我們必須讓它離開，放鬆，讓聖靈發揮它在我們身體裡的作用，那些疼痛和疾病都會很快地遠離我們而去。那些曾經試過聖療術的人可能會告訴我們，放他去吧，相信只有宇宙的心靈能夠為人類製造出一個完美的身體，這就是最好的療法。

我們一次又一次地見證了這種治癒力量的本質。所有的醫生都承認身體是自然地恢復健康的，並不是他們自己或者是藥物發揮作用。那麼是什麼引起身體有這種治癒的功能呢？是盡善盡美這種極好的思想。我們的身體就是上帝居住的那座寺廟。所謂物質的身體都不過是盡善盡美的極好的思想。我們不應該製造任何的距離。我們應該堅信我們的身體是精神的，而且並無他物。我們必須遵守道，我們每一個人都是神聖心靈的後代。「所以道就變得血肉豐滿，並長期存在於我們之中」。

第四章　救世主在你的內心

伏爾泰相信，如果沒有上帝的話，人們就會製造出一個上帝。在所有信仰上帝的宗教裡，人類的特性就是背叛他自己人造的本源。在沒有看見真正的上帝時，人們就想像上帝，並且表現得他自己就是上帝，做上帝所做的。但結果是，上帝每天都會生氣，後悔自己創造了人類，並把所有人類的家庭都淹死，把邪惡的東西懲罰，如果不請求祂的原諒，就會被扔進地獄那不朽的爐火中。這就是上帝，是那麼的令人恐懼，令人難以接受祂就是神父耶穌使祂成為上帝的。

羅伯特・英格索爾把「一個誠實的人是上帝的最高貴的產品」解釋為「一個誠實的上帝是人類的最高貴的產品」。他到目前為止是正確的。所有的發明都是在創造者心中形成的一個框架，同樣地，我們在心中形成了一種想法的框架，對上帝的想法也是不例外的，如果我們不想看到任何東西，我們就看不到任何東西。我們所看到的東西都是在我們腦海中的概念。

我們被直覺和邏輯所強迫，要證明創造者所創造的這個我們居住著的世界是美好和明智的。這是的確存在的，我們不能接受違背當初的結論的任何其他說法。當我們知道「上帝每天都對著邪惡產生厭惡」時，我們對說出這話的作者的想法感到疑惑，儘管事實都趨於說明他的猜想。

那些違反神法的人將遭受到不同的懲罰，似乎凶神惡煞的人就是劊子手。然而我們知道，那些構造大陸法的人並不是對

那些違反法律的人產生厭惡。有些人十分滑稽可笑，他們把上帝想像成為一個人，並且為上帝賦予了人的特性。

我們都知道，每一種有複雜關係的產物，都必定遵循著規律和有秩序的規範。那些對生命的來源有正確認知的，調整他自己的思想來接納上帝的智慧、純潔、力量、愛和完整的人，並且認為這就是人成為完人的來源的人，都能夠得到內心的平和，以及司法和正義中的最高獎賞。上帝是至善的，祂是宇宙中唯一真正的力量，所以，最終必須建立自己的想法，透過他們遵紀守法從而在整個世界中建立完美。

上帝精神展示了它完美的理想給所有的靈魂，特別是那些接受基督之光的靈魂，那些打破錯誤枷鎖的束縛的靈魂。那些被訓練的把上帝看作是人類，看作是千萬家庭的父母人，透過加上這認為是無限制的道義，可以繼續這樣認為。但是他們不能把上帝直接當成有限制的人類。自然人想當然的認為他們自己生活的世界才是真實的世界，他們的想法是他們的真實所想的。他們希望耶穌的第二次來臨，不是被釘在十字架上，而是以鮮活的身軀出現。

但是在耶穌升天的時候，祂把了身體機能器官釋放出電子和離子，散播在每一個跟隨祂重生的角落。在過去的 1,900 年之間，千千萬萬耶穌信徒挪用新耶穌的身體這樣的種子又重新合到一起，現在正處展開在救贖機體的過程中。沒有人能夠充

分地把耶穌的身體復活，即使終有一死的生命被不朽所代替。許多人曾經經歷過一種奇怪的感動，他或他們的醫師都無法理解。這就是轉化的要素，他們要併入意識或者其他化身的新生命。

耶穌要開始贖身的任務，將要一段很長的時間。祂對祂的信徒說，在達到祂所說的「年齡的末日」之前，將會有很多東西發生。這個詞語首次是出現在美國標準版基督教聖經中「世界的末日」但是在注釋處被修改了。這是一個錯誤的譯法，「世界的末日」引起了一浪又一浪的世界將有數百年被毀滅的恐懼，很多大臣部長們利用這個漏洞，來恐嚇其他人改變宗教信仰。

耶穌從來都沒有指示過上帝要毀滅世界，所以不用擔心，但是祂卻指出，種族演化是在重要的年代必須進行的，有一個種族演化就發生在祂再生的年代。耶穌說：除了神父，沒有人知道這個時代會持續多久。保羅在《歌羅西書》中提及他的疑惑「耶穌在你心裡，希望的光芒，是曾經隱藏世世代代的祕密」。透過耶穌，我們和上帝處於同一地位，將成為繼承天堂寶物的繼承人。

每一個耶穌的追隨者都必須更好的理解祂和上帝的統一，就像祂為了我們能夠幫助他人而達到相同的統一那樣為我們鋪路。人們不再成群地湧向天堂，因為他們聽說地獄很恐怖，但是許多人卻形成了一種越來越深的錯覺。戰神聖蛇欺騙了他

們，說保證他們能夠享受脫離肉體的快感。我們必須說教，教導以及證明信耶穌，我們就會有健康和快樂。我們要對復辟時代流過血的傷兵心存懷念。人類家庭血液連繫漸漸變得惡化，人們的種屬也不再有效的被激發了。這已經到達了灌輸純淨血液十分重要的地步了。

耶穌舉起祂的血液，為了拯救精神的力量。純淨的血液像播種一樣，散播到每一個種族當中，我們的種族思想可以被任何一個信奉耶穌的人據為己有。這是透過信耶穌來拯救一個遠離罪惡，激發一個與他的精神，或透過問耶穌來援助的思想或遭受身體罪生病。源自耶穌的純淨血液，都能夠可以激發和淨化思想和身體，直到耶穌的出現。沒有人能夠說出，這種從必有一死到不朽的轉化需要多長時間。但是，我們知道，思想一旦接受了耶穌的復甦的，那將會慢慢地變化，道成肉身之後又再道成肉身，直到復壯的生命戰勝死亡，再生就不需要了。

眾多人仍然相信，上帝是有肉體之軀的，他們仍然再問，為什麼上帝不直接揭示祂自己，並且摧毀祂那些引導那麼多人入歧途的對手。

即使那些曾經短時間接受過耶穌思想的人，他們能夠證明那已經為他們的生命揭開了新的一頁。從前，他們十分疑惑和迷茫，但現在他們確定了，耶穌就是那個可以幫助他們走向更好的生活的一種力量。耶穌是一位真正的安慰者，不斷地安撫

他們，而不是一位在天堂裡的神像。健康和富裕代替了以前的疾病和貧窮的擔憂。

對上帝的形而上學的認知是十分重要的，還有他與人類的連繫。耶穌明確地教到，「上帝就是道」。上帝不是使動物馬上生長完全的執行者。上帝把自己的力量賜予了人類，人類擁有了這種力量之後，完成了耶穌想要做的。人類的心願就是這種遺囑的自由，那麼人類可以使用這種自由來使某樣東西存在或者毀滅，只要他願意。耶穌聲稱，在天堂和地獄的所有權利都賜予了上帝。耶穌有的，我們可能也有。耶穌強化了上帝的力量，並且使祂成為我們的偉大的模範。我們也可以和神父媲美，就像上帝能夠和耶穌相提並論，這是祂對我們許下的幫助我們的承諾。如果正在受難的人們能夠得到這種巨大的邀請並且接受了，祂會欣然，那麼整個世界和人類都完成了轉化。

第五章　天使的愛

　　極好的愛是一種力量，一種力量可以化解反對正確思想者，從而撫平障礙，展示出它真正的一面。當愛就任王位，完全占據我們的生活時，它的規律就是正確和公正的。甚至有消極的成員，例如拒絕接受者、反對者、頑固者、易怒者、妒忌者，都能被愛融合。美好的愛能夠消除所有的恐懼。當愛把思想不一致協調起來，我們會發現外在事物都變得井井有條，曾經盛行的反對和恐懼現在都變得和諧和互相信任了。

　　透過否認或對抗所有知識反對派，來證明我們的不抵抗。當美好的思想被灌注到敵對思想時，我們就不會感到困惑了。這就帶領我們走向愉悅。一種正向力，由於未能履行善的規律，困難出現了，從而無法奏效。透過戒律，人們內心的美好的王國發展壯大，根據愛對其他事物的和諧的規律，統領指揮每一個思想。

　　愛是解除獨裁的解藥，在使用愛來制裁專制獨橫時，我們必須摒棄我們對愛的自私。當我們意識到，卻在內心深處無法控制，要放任自流。無私的愛是無畏的，因為這種愛，是要忽略自己。一旦達到了正確的態度，意志對愛會產生分歧，那就是理解。在永恆的聯合中，是必須理解摩西法律的。當我們知道真相的時候，我們是唯一的，沒有什麼東西能夠分離。那些沒有摻假的自私的或者性慾的愛，把他們帶到了上帝的面前。

　　在神愛和凡人的愛之間有明顯的差別。這就需要你睜大眼

睛來辨別。所有的愛從本質上來說都是美好的，但是透過稜鏡折射出來的人們的靈魂，卻顯示出許多不同的顏色。就像白光的射線，它永遠是純的。去證明人類的生命就是像他原來那樣純淨的做法是人類的職權。當然這也需要小心的辨認和很好的判斷能力。透過經驗我們學習到，愛必須由智慧指導，如果我們輕易地向人類那衝動的愛投降，那麼我們將遭受許多挫折。

大衛從這些痛苦的經歷中傳遞愛給我們。他對妻子充滿同情，他把自己的愛的本性展露出來，把自己的心連繫到感覺的來源。當一個人對由愛引起的情感棄械投降，那麼狂歡喧鬧就會出現在他的意識中。

在每一個改革中，第一步要做的就是，認清法律的強大力量。智慧告訴我們什麼是法律，在運用法律時上帝有什麼不符合標準。那樣，我們就不會輕易地對上帝發脾氣了。犯罪就是自討苦吃。我們不是被我們的原罪懲罰，而是被法律懲罰。上帝是善良的，上帝是令人喜歡的，慈愛是一個罕見的詞語組合。

愛的一個很好的解釋是，對得到對象喜愛的興奮感覺。如果每個人都能把這種理想現實化：認清上帝對我們的愛是傾盡祂一生的智慧，也就相當於我們在普世萬物中所展示的智慧，那麼他們就能夠在遇到問題是找到解決的方法了。我們最美好的東西是來源於他人的福利。耶穌明白了為人之子和兄弟情懷的美好，我們承認耶穌是上帝的兒子，同樣道理，那麼我們就

是上帝的兒子。我們必須知道真理，並幫祂實現，但當祂出現，我們卻又反對祂聲稱的寬闊的精神，尤其是當我們的宗教教養變得狹窄和偽善的時候。

猶太人被教導，他們是被選中的人，其他所有的人都是野蠻人。這種教義是種姓等級制度的根基。當一個人開始把他自己看作優於其他人的時候，這種優越感就會延伸到他生活的環境，跟隨而來的就是社會冷漠。那些官方教義和對過去歷史的傳統信仰比原因和邏輯重要得多。對舊方法的改造是不允許的。整個宗教的自然屬性都被改變了，思想趨於迎接被禁錮的思想，故步自封的思想從此形成。

很多人疑惑他們為什麼無法更快地發展到神聖的愛。這就是原因，他們在分辨好和壞的時候把宗教和世俗分離開來。在每個人角度看來神聖的愛並沒有什麼區別，這就是原則，是由自己感受它的美好。在罪人心中的感覺與在聖人心中對愛的感覺是一樣的。當我們將真理放在心中，並且推倒那堵阻隔的牆，我們就可以感受到耶穌也能夠感受到的無限的愛的流動。

歸屬感是一種天然的愛，通常也伴隨著安全感。透過我們合而為一的感覺和至善至美，最偉大的感覺 ── 安全感就得以實現，因此，所有的恐懼都輕易地被拋開了。約翰強調，為了愛上帝，我們必須同時愛我們的人們。任何為了其他人或者其他事物摻入的愛都不是純淨的，不足以看到人們都一樣的無限大愛。

耶穌說：神的愛是最大的誡命。你要用你所有的靈魂，並與所有你心愛的耶和華，你的神。這是最重要而且是第一條戒律。第二個相對它是這個，你要愛你的鄰居如愛己。這兩條誡命就是整個法律原文。神的愛是如此卓越的東西，用語言描述它看起來平坦和陳舊。但是語言用得正確，使我們印象更加深刻，我們就不應該輕視它。確定我們對耶穌的愛是傾盡我們的內心，傾盡我們的靈魂，傾盡我們的思想和力量，這樣我們會感覺前所未有的愛。沒有比耶穌推薦的實現愛的治療方法更好的。

耶路撒冷聖城，代表愛的中心意識。從身體上講，它是中心。其天才指揮是約翰神祕主義者，那個把他的頭依靠在主人懷裡的人。我們每天的祈禱，不斷地在腦海形成主要的態度，他們有可能聽從或者不聽從道義。我們關於愛的主導思想必述說內心和其他事物有共性。我們心目中的愛與恨，在思想的根基沉澱以及結晶。其實質是敏感的、膽小的、有揮發性的。我們的所愛所恨都源於這個神經末梢。在神聖的秩序裡應該居住的是所有的好和純。

要屈從於最高力量是人類成就的最高目標。服從的精神就是愛的精神。愛是宇宙中最聽話的事了，也是最偉大的傳教者，相比其他教職員工，聯合起來都不能夠給予我們更多歡樂。你想要一個日日夜夜都為你效勞的僕人，那就培養極好的

愛吧。有時可能有障礙心理，干擾這愛的團契。其中之一是認為我們欠我們的鄰居以外的東西愛。對於一些錯誤的、虛構的，否則，我們覺得我們欠他的懲罰。最高力量告訴我們，我們只是對他欠缺愛，只要告訴他愛這個詞，那麼這種干擾就會被掃除。我們必須和每個人都做朋友，一切都為了有這個強大的工人，愛，為我們執行神聖的法律。

當我們感覺對上帝的愛變得微弱時，我們就開始愛我們的子民。這是一個基督教中熱心的愛，在其他組織中是無法找到的。愛是一個法令，那些讓耶穌的愛灌注在慈善，能夠代替和原諒一個「眾多的罪惡」，而不僅僅是他們自己，而是其他人，愛在每一個傷口倒它的乳香和物質的同情希望和信念注入氣餒的心。神的愛對每一種疾病都是不同的香油。

第六章　世界呼籲勇氣

　　在 1,900 年前，有一個人告訴宗教世人，如何改變人們的思想，那就是「朝聖之路」。

　　在一開始，他就有跟隨者。他像蘇格拉底一樣，被控叛國罪，殺死了。他的敵人是理所當然的，他死後他的教義會完全消失，就像在他的時代之前的許多教義。然而，他們缺乏遠見，因為拿撒勒的耶穌有一個教義元素，人們極其需要這個元素，就這樣從這片小小的發源地散播開來，從此以後就散播開去了。

　　耶穌所教的是上帝之道，那是說上帝是創始者，人類是最高無上的生物。更多是站在耶穌面前的，就是祂說教的證據。祂是祂種族中的佼佼者。我們至少應當在腦海中有這個印象。我們應該學習祂的知識，我們應該跟隨祂和聽命於祂。

　　耶穌說：世界是屬於人類的，人類必須對世界負責任。人類的每一個家庭都對世界的富裕和貧窮負責任。我們以我們的精神觀和工作屬性，判斷我們是否需要這種責任。

　　在以色列人被囚禁於巴比倫的那段日子，幾個同伴先知的尼希米被允許返回到耶路撒冷建造城牆。他們命令仍然在城裡的人參加工作。聖經說「百姓專心工作」。

　　我們的富裕來自於我們的工作，不僅僅是外在的工作，更是精神和靈魂的工作。每個科學和藝術都必須永不止步的前

進。我們從不滿足於現狀，而是繼續尋找更好的方法，我們不滿足於學校的學習，更要為我們自己和我們的孩子找到容易的學習方法。因此，我們的國家是在發展中的。

我們也發現基督教也在驚奇地發展當中。我們的教正開展新的潛力，新的力量和新的美的東西，我們正在通往一種流露精神的發展道路。我們不知道我們的宗族有多麼的奇妙。它充滿了潛力，至少在我們心中和腦海中是這樣認為的。

但是我們需要更多的勇氣去發掘這些潛能，需要更多的主動。我們更要多加留意我們擁有的這種內在的力量，當我們意識到已經成為了一個有精神信仰的人，在我們內心深處已經出現了，我們應當看到，透過精神一切好的東西都是可能的成就感，因為耶穌對我們承諾過。

只要我們相信，所有事情都是可能的。但是相信什麼呢？我們要對自己充滿自信，面對這種天生的靈性的人，我們必須鼓勵他。鼓勵他什麼？用聽見的語言，用肯定的全能，那麼我們就抓住了戰勝世界的要點了。

我們要學習的重要東西，不僅是智力上的，更是精神上的。「了解你自己」被刻在德爾菲的阿波羅神廟，同時這也必須刻在我們的寺廟當中，在我們心靈的門檻上。「認識你自己」，我們必須從心靈開始認識自己。

現在，我們都了解到，每一個我們在大腦裡面的思想，都會傳送到周圍的大氣，每一個改進形而上學家都承認，這種看不見的思想的東西，是我們正在逐步對我們身邊世界的形成事物的架構的做法。科學世界也開始意識到，人類有重現世界的能力。

現代形而上學家發現，我們的每一個思想都是由主動力在推動的，不僅是這種力量在運動，更是連繫到我們的思想，我們的身體以及外在的世界。

我們一說話，都會引起我們身體裡面的原子和細胞顫動和產生一定的變化。不僅使我們身體裡面的原子和細胞形成新的適應環境，更影響到與我們有連繫的其他身體細胞。

我們聽說「沙漠都可以開花」，我們可以在地球上存在一千年，事物在一瞬間就會發生變化，這些都是聖經裡的看法。我們發現這些東西都是透過不斷運作漸漸發生的。

我們發現在舊約詩和以賽亞書中的預言。他告訴我們語言起源方面的一些特徵，並且他們的年已經被現代科學所示！

曠野和旱地應當歡喜高興，沙漠也必然快樂，又像玫瑰開花。它們應當燦爛地開花，愉悅地唱歌，黎巴嫩的榮耀必賜給他，卡梅爾和沙龍的美德，它們看到耶和華的光輝，上帝的美德。

你們要使軟弱的手健壯，無力的膝穩固。告訴他們不必害怕。變得強壯一點，不要畏畏縮縮，看，上帝會帶著復仇回來的，神的報應，祂會來救你的。

盲人的眼睛可以重新看到東西，聾人的耳朵又可以重新聽到聲音。那時瘸子必跳躍像一隻雄鹿，啞巴的舌頭必定會唱，在荒野的水灌流成河，成為沙漠甘泉。和發光的沙子要變為水池、乾渴之地泉的水分，在野狗的住處，將鋪滿青草、蘆葦和蒲草。一條道路在那裡，被成為生路，不乾淨的東西無法通過，但是被救贖之後是可以的。

自從歷史以來，每一代人都聲稱他們受到限制，《啟示錄》說，世界會進入末日。那時耶穌也說世界的末日。然而，新約的最新和精確的翻譯對此表示是錯誤的。耶穌所說的是「時代的完結」。

一個生動的描述結束的地球文明是發現在第 34 章以賽亞。以賽亞書知道任何關於是否世界末日比許多現代先知是一個問題。

歷史證明他們都是錯的。世界並不是要走向末日。地質學家說，它採取了科羅拉多河至少五千萬年開拓大峽谷。這是合理的，那麼結論就是上帝也需要這麼長的時間來讓自己對世界有這麼一個將來，世界不會滅亡。

　　但是透過詩人，預言家和悲觀主義者都警惕，從一個毀滅性的角度講，對人類來說，毀滅時可能發生的。莎士比亞說：

　　「我們的這一些演員們，我曾經告訴過你，原是一群精靈；他們都已化成淡煙而消散了。如同這虛無飄渺的幻景一樣，入雲的樓閣、瑰偉的宮殿、莊嚴的廟堂，甚至地球自身，以及地球上所有的一切，都將同樣消散，就像這一場幻景，連一點煙雲的影子都不曾留下。」

　　現在我們想問的是：這些是人類文明終結的預言和毀滅地球和所有事情理智思考的結果，或者是他們有毛病的工作思想？

　　他們無疑是生病思想的工作者。一個健全的人即使只有一點邏輯都會認為我們的上帝，是用力量和智慧創造了這個世界，並且擁有無限潛能，怎麼會去親手破壞它，並且讓所有善良人離開的命運的慈悲而讓一些肆無忌憚的狂熱分子胡作非為呢？

　　世界和人民的命運都在認知上帝是道的人的思想裡，他們一定會在精神裡面找到祂。

　　耶穌指明了道路，跟隨著祂所說的方法，我們就能找到解決問題的辦法。這些耶穌給的方法是有建設性的，而不是有破壞性的。祂不會教我們怎麼死亡，而是怎麼生活。「如果人民聽

我的話，他就不會死亡」。

在耶穌的教導我們要找到一個方法來抵消、溶解，以廢了原子彈？我們在《路加福音》第十章中，和《馬太福音》的第22章中找到，這就是公式：

「當我們知道這個意義，並因此知道神所要賜給我們的是什麼，我們才意識到這是一個何等難以形容的祝福。」「這是最大的而且是第一條誠命。」耶穌告訴他們，那些法學家問祂什麼是「最大」的誠命，祂說，這是實現所有誠命的前提。

這個公式已經被測試並被歷史所顯示，它已經建立並維持文明和生產的平安、幸福和繁榮。

讓我們一起為了這個目的祈禱，我們可以將耶穌給了的公式，作為工作原則，透過這個公式向世界發出力量。

「你當剛強壯膽去行，不要懼怕、也不要驚惶，因為你將是要繼承這土地的人。」

第七章　良心

✝ 第七章　良心

　　每一個存在的事物都有一個神聖的善根。沒有必要把這個中心的善根存在於哪裡公諸於世，因為它就在那裡，無論什麼時候什麼地點都能看得到。沒有人是如此卑微，但在其祕密地觸碰這神聖的善良，那可能帶給了他光芒。這種善良一直沉睡在每個靈魂的深處，當它變得稀少時，這種善良就會湧現。很多善良都被埋沒了多年，甚至幾世紀，但最終它還是會出現的，被認知的那一天出現的。這就是宇宙均衡的規律，平衡的。它不能因為先驗哲學家或者形而上學否認的而放在一邊，更不可以因為盲目的激情而被扼殺在搖籃裡。

　　男人和女人都否定承認他們之間有遲早需要解決的問題，他們也盡可能地有意識地把這天退後。他們不想解決矯正精神的事，因為這實在是太強求了，但是只希望正義。

　　那些良心已經感到刺痛的人，已經被聖靈感化了。那些站在自己的罪前面的人，已經知道上帝的存在了。人類從來不缺乏指導，不管他有沒有大聲地呼喚要被引導。啟蒙者一直在身邊，他是隨時可以得到指引的，只要他跟隨著指路明燈。這不是太容易了嗎？人類從高山上看不到的地方，已經在腦海裡形成了一個遙遠的地方，上帝和他說話的地方。人在尋找遠方的上帝時，忽視了自己獨有的閃耀光芒。

　　在這方面，人類是被欺騙了，人類相信他所做的事情和他心裡想的善良不一致，但是卻逃避了現實。他猜想，上帝離我

太遙遠了，他是看不到我的缺點的，但是，他自己也忽視掉這個現實，上帝一直在他的身邊，看著他的一舉一動。

有種古老的說法是，在道路順利的時候，人和他的靈魂是好朋友，但是在道路不順的時候，他們的關係就破裂了。破裂的原因是，人類以為自己已經可以主宰生活，看清生活的高點了。這就使得他開始掌控靈魂了。他認為那些在善良的光芒下，已經達不到標準了。這就產生了人與靈魂的分歧了。安靜的時候，他們從表面上看起來像是朋友，靈魂看起來對人很順從，但是靈魂在意識裡一直敲打著，直到捕捉到他們的腳步。

世間的財富並不總是給予人類的。實際上，事實卻恰恰相反。只要有疑問的問題都得到答案，靈魂很少機會能夠聽見。只有當努力之後的失敗，就得到誤導良心的耳朵。然後，這個領域在一個不公平的原因中被調查。戰爭的光芒刺傷了他的眼睛，還不讓他有對生命無用的恐懼。

這裡懊悔折磨著愚蠢的命脈，這裡真正的智慧顯示。據說經歷是一所高貴的學校，只有聰明的人才能在那裡讀書。這種像許多知識分子靈敏的觀察，帶有他自己所廢棄的技能，經驗是一所教人愚蠢的學習。真正的智者不在他的門內上課。

有兩種道路通向理解，一是跟隨他內心深處的靈魂的指引，另一種是盲目地跟隨和硬學經驗。這兩種方法對任何一個

人都是開放的。這被經歷過的人意識到了，並且建議那些不知道的人，從而拯救了他們在艱苦坎坷的道路上的步伐。在無處不在的智慧光輝下，是否沒有人知道所有的事情，所有的道路，所有的組合，以及所有事情的結果呢？

　　沒有男人和女人不斷努力向著未來預言一個智慧，就知道所有的未來呢？他們當然是努力過的，當他們努力的方向是正確的，他們就能找到這個神諭。

　　知道未來是聖靈的特權，當人類用純淨的心靈和無私的動機向聖靈請教時，如果他順從他最高的神，他已經向他指出他的生活路線。

　　遵循聖靈預計的未來，這是任何偉大的成就。對聖靈來說，將來就是基於現在在腦海中盤旋的一連串的事情。那些駛進他們自己理想的領域的人都能看到他們自己的未來。他在尋找一連串的原因，目的在於想找到是否有比較容易找到結果的方法。沒有必要讓他看到這一定沿著每個單獨的想法，必將通往其極限。這就是解釋原因的方法。在聖靈看來，結果和原因是同一樣事情，他們看起來是一樣的，最終的結果也是一樣的。在思想上面有多少東西完滿地完成了它當初所想的那樣。顯然時間不是一個要素，那麼為什麼每件事都有開始和結束呢？建築師規劃一個房子，在他的腦海裡看到它完成，還是一塊石頭是鋪設或等待被挖掘的一塊泥土。在動工之前，他可以

改變他的設計方案。他也可以完全否定他的想法，只要他願意。所以人類是透過他的意念在建房子。如果他真的開始建一間只有一個房間的屋子，只是他一個人在做，他只是在腦海中形成這樣的概念，等待它的完成和出現在眼前。如果他想要更大更多房子，這個計畫也同樣地會出現在眼前。

有些人在向世人說出他的設計意圖時，早就已經建好了。這些人製造了內容充實的計畫，被灌輸了最耐用的物質。這樣的計畫是當拿破崙默默的決定，由牧羊人成為教皇。范德比爾特的生活準則，他的成就可以歸功於，他從來不向任何人透露他的計畫。

耶穌說：「讓你們說，是的，是的，不，不。」說話是一種浪費精力，一種驅散的力量。如果你想成功，不要說太多關於你的計畫。有新想法時，把他轉化成有生產能力的中心，讓你的努力說話吧這才能夠證明一切。

電工承認某種普遍規律，在他進行發電機革命時。產生的能量是基於發電機的大小和質地，以及引擎的速度。思想也跟科學發電機那樣有同樣的運作原理。一個思想的特徵可以從它的大小中判斷出來，一個信仰的活躍度決定了它運轉的速度。思想以迅速的與物理上的速度不可相比的速度產生能量。這些力量感動著人們，而不是那些無生命的東西。這些力量永恆地照亮智慧的光，而不是短暫的街邊的路燈。

✝ 第七章　良心

　　這樣做成功的祕訣在於知道如何處理我們的想法。電工不斷提高效率的方法是透過研究機械產生的電力。同樣的規則適用於心理動力學。如果我們想要提高我們的身體的、我們智力的，和我們周圍的事物的耐用，我們必須研究我們的想法，因為從這些想法中產生使這些機器運轉的電流。如果我們的思想是基於真理的，他們能夠經歷嚴格的考驗我們就十分滿意，我們並不想讓產生在我們思想中的電流透過接地線洩露出去。

　　世界上有許多人懷著堅定的決心去行善，他們都是和善的，但是他們都連著接地線。我們必須使我們的電線絕緣，否則我們的計畫將不會成功。例如，我們對健康很看重，因此產生了電流，這電流可能在信念的電線中流淌，並且治癒了世界，但是一旦我們相信了疾病必須要用藥物有磁性的手，或者有人比我們更加強壯，那麼這個電流就被我們打斷了。我們不能讓這種事情發生在我們健康的電線上。我們直覺上覺得這對於任何問題的回答是正確的，但是這並不是真正的想法。我們相信透過一些書，一些人或者一些教會組織篩選真相之前，必須集結其自由通過電流，或者其他方式，直到我們對其形成印象。這個謬論使一個卑微的天才和提出世界的光在腦海中一代又一代的神的兒子。神聖的思想必須有精神的電線，否則他們的力量就會消散。所以我們需要同時看我們堅持的信念和用什麼話將他們釋放。如果我們擁有一個理想的世界，我們怎麼想

他們就怎樣存在，但是現在是不可能實現的，我們就把這個思想的相關力量抹去。貫穿思想產生的過程，每一種思想必須有一條電線和相應它的電路並流通。我們的話語、行動，以及我們整個生命都必須與我們的思想相一致。

　　思想王國是我們每個人的召喚，實際上，是我們維持生計的來源。它存在於宇宙生靈中。既然它是物質的起源和來源，那麼它遲早對人類產生無障礙的影響。當這種思想領域在意識中如此的強烈，吸引著我們的特別的注意時，我們就稱之為興奮意識。這是宇宙的情報被斷言其固有的道德平衡。人不能總是扭曲對上帝的形象，那是他們自己。他可能一會穿上騙子的怪誕面具，但是上帝的好，他將一覽無遺，當他的死期已到。神是輕慢不得的了，也有祕密的地方最高在每顆心永遠為小偷做了一個洞穴。

　　當良心呼喊著你的心「修直主的道路」，你會留意到你節省了許多時間。讓其清淨的水經過你的拒絕。改變你的思想，變得溫順和卑恭。讓你的思想與生靈上升到同一高度吧。告訴祂，你是你，在你的有限生命裡，不能取代祂的最高地位，更不能取代祂在精神上的威嚴。

　　如果你是傲慢專橫、自給自足的，你身為猶太希律的統治者。你與人類的激情的靈魂結婚。這些激情讓你深深感受到喜悅之情，以至於你覺得可恥，從而砍斷了自己首要的思想，那

個可以帶領你走上善的道路的思想。但是在這個層面，人類是短命的。你的王國是來自你，你從你的家鄉被放逐。在他斬首施洗的約翰前，這是希律王的命運。拒絕聽從他自己的命令是每個人注定的命運。

激發耶穌拿撒勒的偉大力量的關鍵是，祂對神父的溫柔和謙卑。祂透露說「祈禱者是溫順的，因為這地球最終是由他們繼承的」。那些在上帝面前裝作若無其事的人，可能想擁有上帝下面的所有東西。

人類是開放的，當他的意志是對上帝開放的。這是由我們的態度開放的絕對精神和謙卑的精神現實的思考。因此，神父相似的表達就顯現了，沒有其他的方法可以做到。

「我內心是恭順的」強大的拿撒勒教徒說。「不像我，但你一定是」是上帝對神父溝通時候的態度。祂總是在相同的愛的精神，願意服從領導的智慧，祂知道超越了祂自己的。

耶穌並沒有透過肯定祂的自給自足而把宇宙扛在肩上。祂卸下負擔，依賴於自給自足的神父。「我可以自己什麼也不做」，「我的父親在我這裡完成他的工作。這就是完全否認自我，放棄所有的個人私欲、要求和目標。要做到這些，人類必須改變自己的思想，必須把思想的屋子清掃乾淨。

「如果任何人跟隨我的，我就讓他否定自己，並一心一意地

跟隨我」這個命令，並沒有被世界正確地解讀。有一些人把充分
地否認自我當作是把上帝看作靈魂、生命、愛、物質或者是其
他錯誤的東西；其他人認為他們只有放棄這個罪惡世界認可，
相信個人的救主，耶穌。但是否定自我遠遠比這個層次更深。
為了更有效地發揮作用，自我否定必須到達意識的深度，溶解
所有的有機形式持有的思想，透過自我的沉澱。每個人類的身
體都有意識的滿足層面，這些層次的增長像岩石那樣，是伴隨
著年齡和恆星時的增長而增長的。我們正在生活的身體是我們
數百年前開始的勞動結果。這是我們的經驗記憶儲存在思想。
我們的身體可能已經解散，十數百萬次，但沒有現實的一部分
曾經分離過我們。因為我們沒有啟動它的永恆延續它的形式，
無法確定我們永世存在的身體是否屬於我們的。如果身體的形
式發生改變，但是在我們的心理，從前形成的圖像，將在我們
自己內心的畫廊內原封不動。

　　現在，雲霧正從我們的世界中消除，正義的太陽正冉冉升
起，「正恢復它的光環」。我們正在覺醒到我們的權力和作為至
高者兒子的可能性。

　　無私的日子已經到來。這一天的到來把我們從重擔中釋放
出來。我們發現，我們不再承擔任何在我們肩上的任何關心。
我們跟耶穌說：「所有的事情已經交給我的父親」。我們無法呼
吸，但是我們的父親代替了我的呼與吸。我們自己沒有生命，

但是我們覺得神所賜的生命，和我們所有的器官。我們和我們
自己的腳，我們的手，我們身體的每一部分說話，「祢現在是
一個神，祢在祂眼前是完美的」。我們並不是獨自地思考和說
話，我們跟隨著上帝的所思所說，在我們的靈魂中像道和風吹
過。然後火舌來到我們，因為我們受到聖靈的鼓舞。我們既不
擁有我們自己，更不擁有對生命和家庭的憂慮和麻煩，我們把
這些煩惱都留給了上帝，當我們否定了我們自己，並且跟隨著
耶穌的時候，我們才真正地完全拋棄了責任。當我們放走這種
思想時，我們是獨立的，擁有身體的零件，情感是屬於我們自
己的，我們就把責任從身上卸下來。在上帝的思想中，沒有東
西像人那樣存在過。上帝的思想是耶穌基督，一個萬能的人。
人類是那個人的唯一思想器官，無論如何都不是由他們自己占
有。但是，當他們在個人內心中停止相信這種思想史，耶穌擁
有流過他們意識的權利。這就是內在 ——「我中有神父，神父
中有我」—— 內在的理解化解了指責良心的永遠存在的內在竊
聽器。

第八章　人

上帝就是道，耶穌就是原則，因為是祂帶來生命的，人類是耶穌要表達完美的產物。

這是真實的，人類必須學會發現身為人類的內在的潛能。當這種巨大的真相被揭露，他有時會忘記它的潛力是根據上帝的計畫，和繼續按照他的設計去創造世界。

這是人墮落的第一步 —— 沒有了解上帝的規畫，以為自己能夠聰明地行動。

這在他的意識中產生墮落。他遵循動物的天性，而不是最高的智慧，包括他們吃「樹上善與惡的知識」，一種赤裸的和分離上帝的意識。

人是衛星的，所有力量都服從於上帝。這些力量和潛能都透過人類得到證明。因此，得到這樣一個結論，人類是生物中最重要的因素。他應該成為熟悉他分內的工作，做自己最好的，把它發揚光大。

人的所有力量加總起來，並集中在一個詞，我。所有的潛力都集中在這個詞，此次出現其他東西。在可見的宇宙的觀點上，這個我就是人類，根據他的意願，他可以做或不做。在生物的所有力量的運作中，人類是所有東西的轉換者，存在於他身上的偉大的力量和缺點。

自我的本身並不擁有任何東西，這只是在人的腦海裡的一

個無知的小孩在漂浮，但是要通過他意識的門，必須通過上帝的所有寶藏。

人類是多麼的渺小，多麼的無關緊要，然而卻十分強而有力。耶穌說：「我自己不能做些什麼」，「所有在天堂和地球的權利都賜予給我」。

當這個我，對生命、愛和上帝的智慧產生覺悟時，他對自己也建立了意識，他開始說「我」和「我的」。

這就是自我，兒子帶著他的遺產，去了一個遙遠的國度。但是神父並沒有判我的罪。在神父的眼裡，他的兒子在家裡，有他的自由。如果神父能夠自由地做他所想做的，同樣的他的兒子也可以繼承他的特權，否則，他就不會成為完全的神性的身體了。

人類的無知和委託給他的力量是人類保持自我的一個重要方面。如果他能夠從各方面認識上帝，包括所有的思想和行為，那將會展示一個全新的世界給他看，一個完全未知的世界擺在他面前，等待他來占據。

這就是上帝揭示給那些願意被他領導的，擺脫無知的連繫的，叫做埃及的樂土。

埃及存在於每個人的意識中，但是這個我並不需要停留在黑暗的地方。上帝把他從他渴望「肉湯」的動物的狀態中叫出

來，並邀請他去一個「牛奶和蜜糖滿地的地方」。

　　無論是誰接受了這個邀請，都要跟隨著上帝的道的指引，他可能要經過錯誤的海洋，潛能浪費的沙漠，但是如果他對內在的智慧充滿信心的，那麼他最終都能被引導到約旦所展示和承諾的地方。

　　但真正的人不是指肉體和血液，也不是身體和腦袋。這些都只是他外在的盔甲。人是和上帝一樣不能準確定義的。內心的你是和無限一樣，都是一個未知。你是對你自己以及對他人一樣，是一個巨大的神祕。你不能估量你自己的潛能，大天使也不能估量他自己。你只不過是上帝的兒子，跟耶穌一樣，或者其他耶穌教徒那樣存在的人而已。在所有的男人和女人當中，我，都是一樣的。所以，上帝的潛能是無限制的。

　　那麼為什麼你不能做耶穌的工作呢？那是因為你還沒有利用到你的權利而已。

　　道路對你和上帝來說都是開放的。儲存在人類倉庫裡的所有東西都可以為你所用。你只需要按順序拿就行了。

　　這條道路在精神的智慧下顯示出來，是精神的真相，神父名義上說要給耶穌的。這其中精神的智慧一直都存在。耶穌沒有創造它，更沒有為了他的特別待遇而創造的，只是展示比人們習慣為常的他內在的和更高的力量而已，他想人們展示了它

的智慧的精神。人類看到他的話，並且相信他，正是透過這種信任，把道傳遞給他們。

這種智慧的精神現在已經是人類意識的一部分。它是關於你的，當你相信它和它的力量時，就會成為你的意識關係。

如果你忽視了它，那意味著你否認它存在你的思想並且為你服務，你仍然在無知的黑暗當中。這就像一個人住在一個很大的房子的地下室，他拒絕上樓，聲稱樓上的房子不是在樓上的，因為他們沒有出現在他眼前。

你「走上去，你是擁有這間屋子的」，這就是樂土。它一直都是你的，你和它一起在這個世界中存在，但是你卻選擇看不見它。光「照在黑暗中，黑暗卻不理解光」。

人類是偉大的，人類的特權是偉大的。

「我說，你們是神，
你們都是上帝的兒子。」

人類是偉大的，人類的特權是偉大的。但是，要得到這種福利，他必須認清他精神的本質。

你們不是肉體，而是精神，所以你們要成為是上帝的靈住在你們裡頭的那個人。

只要人類在意識上不知道上帝的靈魂，那麼他就是以肉體的形式存在。也就是說，他只意識到他自己的肉體和身邊的物

質世界而已。這就是肉體的意識不知道上帝的存在。

但是從獸性層面上升到精神意識層面是人類的特權，因此，他們就可以喝神父進行溝通，知道耶穌所知道的東西，並且擁有最偉大的力量。

我就是人，潛在的我只是我，與「為什麼我存在」連繫在一起，那樣就全面了。

上帝是生命，是愛，是真理，是物質，是智慧。人類就是潛在的我，意識到這些內在的東西，並且把他們在人類身上挖掘出來。

智慧，生命和物質和精神、靈魂、身體一樣歸併到人類的意識，根據人們對他們的了解成形。如果人們把自己看作只是血肉之軀，那麼他只是單純地生活，呼吸，吃和喝的動物。他依賴物質生活，以他對他自己的特權的無知，對大多數結果濫用了它的特權。他在腦海中形成其原始的貪婪的想像，並用他的實際行動來實踐，他使世界充滿了疾病，不和諧，自私，貧窮和死亡。

如果人類上升到一個更高的高度，並且意識到靈魂和身體一樣好，那麼他就會培養智慧和權力的欲望和野心。政府、商業、藝術和文學都會成為他的決裁對象，無論用什麼辦法來得到他想要得到結果，他都是不在乎的。

當他認知到他在這些東西和神父內在的神靈上的霸權，他就會找到他真正的地位，並且散發出與最高靈魂那樣的光芒四射的圖畫。

　　這個問題經常被人問到，「為什麼上帝是完美的，人是他的影像和反映，人還存在著不完美呢？」答案是人是完美的，他內在的潛力可以證明他自己是沒有缺點的。在到達完美的這個過程中，他必須經過一段過程。生活和智力因素進入這個過程，在某些階段的工作，人表現得似乎缺乏準確完善。這種局限的意識，在旁看著，並宣布它的失敗。在意識上，這是個錯誤，就像小孩子的加法算術，一乘以二等於三。然而，當他做出改正，根據道義行事，成功就離你不遠了。

　　當人們無法屈服於更低階別的自然力量，那麼他就被狡猾的人誤領了，不管好壞都把整棵樹的果實吃光了。

　　在人類的自然屬性中，他永遠覺得不適應，他認為舒服才是最好的。當這種感受延伸至種族，那麼這種連繫就表現在好與壞。因此，男人在亞當看待世界的意識時，他接受兩種相對立的道理，他把它們稱作上帝和撒旦。當他發現這種道理是他所說的好與壞的對立面的根基。

　　所謂的好與壞的原則並不存在於精神層面的外面，而是裡面。真正的上帝不為意識感覺所熟知，無論是誰根據祂的意識

概念，假設一個人是好是壞，他其實是在想像一個「稻草人」。

人類是根據上帝的影像來創造的，他在認識自己的時候，他就會發現真正的上帝，並且知道他是與上帝一道的。

上帝是生命，生命是人類。但生活在其本質和生命的出現的生活並不相同。人們把生活看作是生存，移動和說話。這不是生活，只是生命的證明。人們要知道，生存是生活背後的證據。當他感覺到生命的興奮時，他已經觸碰到那永恆不變的極好的能量。

上帝是物質的，但不是意識靈魂能夠發覺的。物質的東西是證明上帝存在的事物，不是神性永恆不變的根基。上帝是充滿智慧的，不是精神意識上的，是不可以改變的選擇。

因此，人類要知道上帝是長什麼樣子的，人類必須把他自己的思想意識與亞當和耶穌緊緊連繫在一起。然後他就會發現，為什麼他們兩個要在創造人類之前先出現。他並不是「蝸桿的塵土」，而是他是正和上帝完成生命大計的人，創造永世存在的生靈。

人類是生靈中的統治力量，只有透過他的合作，才能完成構建上帝的大計。這個構思時根據道的，不能輕易改變，人類也必須接近上帝的智慧，他會有意識的合作創造出完美的生靈。

人類是上帝遺囑的客觀化，是投射成可見的影像，這個遺

囑必須以在他自己最內心深處的美好力量的脈動來回應。

思想層面已是人類勞動力的王國之內，使得人們透過辛勤的汗水努力獲得麵包。

在這個王國裡，他已經形成了一個思想意識的中心，這個叫做遺囑。看似真實的遺囑必須捨棄，而真實的遺囑一定能夠在上帝心靈的王國中的正確位置被找到的。耶穌經歷完了這個遺囑的解除，他大喊「這不是我的遺囑，是你的」。

我們的每個人都要服從自己的上帝，成為他的影像的上帝，他將會散發原始的光芒，那麼上帝的兒子將會取代上帝，成為繼承神父房子的人。

第九章　背叛的哲學

　　許多事情你看起來，都是轉瞬即逝的，當你告訴他們不是真實的真相之後，東西都會變成虛無飄渺的。

　　一個原因，非明顯的思想，顯現出所有證明，就是固有的潛在完美的道義。就像數學或者藝術的規則，出現在錯誤的公式或結果和刺耳的音樂。「眼睛是用來看美好東西的而不是邪惡的東西。」即，道義是至善的，絕對的物質、思想、生活、愛情、智慧和言語。它的中心思想也是完美的。耶穌和忠誠的人都是完美的化身，人性則是意識中的理想。理想的人。透過他自己意識的沉思，製造出證明自己是物體形狀的時候，就是擁有至善心靈的人。

　　因為潛在的完美和無法產生單一條件而永久的神性意識和諧原則，許多人都被限制住，他們需要一種背叛的力量來把他們釋放出來。透過想像這種力量，人們可以製造假象矇騙上帝。這發生在人們無法找到他自己理想的物質和本質的東西時。顯然，許多人欺騙了自己想成是被綁住了，所有不愉快的狀況都告訴了他們。這是唯一的意識捲入了他們的付出。我們知道，純淨的靈魂無法經受缺少任何的形式，因此，這必須從聖靈的靈魂中分離出來。

　　在物理定理中，質量是守恆的。想像力是大腦運作的動力，這是靈魂的一個活動。你的祖先認為，那是與萬能的上帝不相符的，他們的思想向外展現在他們的肢體和事情中。你必

須承認你的錯誤，你必須否認它，以保持它的純淨，精神覺察力。

反對可以用多種途徑表達，不必說的十分清楚，「我不認為是這樣或者那樣」。在你的結論中，意識已經承認它是錯誤的。拒絕接受長時間的任何想法自然是否定的。從低階理想中取回精神物質是否定。

只有一種精神，我們可以互相否定對方。例如，你有一個正在發燒的病人，你知道那裡有一個平靜的靈魂離開，而且被禁錮了。經過你的確認，只有一個普遍心理，就是這個清楚的認知 —— 每一個人和每一件事都免除原罪和疾病，它會釋放了你，或者另外一個你在思想上明白了，從任何來自他人的信念。耶穌說：「神父啊，救救他們吧，因為他們不知罪。」

如果你不是時刻都意識著上帝是你本質的來源，祂是宇宙的正義、純潔、安寧、智慧和愛。你從你的道路上偏離了，你擔心危險，衝向了自私個性的石頭上。然後你讓路給危險和嫉妒了，你渴望世俗，或者羨慕你鄰居的財產。「我們有原罪（錯誤的簡稱），因為我們是被耶和華遺棄了」。

你不能沒有思想，思考是思想的天性，你的每一次思考無論有多渺小，都會引起蒼天的震動，最終形成看得見的形式擺在你面前。你要知道，思想的工作就是思考，透過思考，所有

的包圍著你的環境都是由你的思考造成的。

如果意識脫離了道義，形成由疾病、不和諧和其他任何限制的完美的圖像，是否可以讓同樣的意識廢除它錯誤的運作，建立一個新的智慧的計畫呢？當然可以，當我們憑經驗知道我們被聖靈或者耶穌指引，我們的意識開始重建薄弱和搖搖欲墜的物質建築，以及使生命充滿活潑生機。

你相信你是父母經由肉體把你生出來的，並且遺傳祖先奇怪的遺傳病和致命磨難，你被騙了！聖靈的真理，是昨天，今天，以後，純粹的完美，展示在你面前的，讓你擺脫這種錯覺。

你認為靈魂是受控於物質的，那你就被欺騙了。人們告訴你，是大腦產生思想的，大腦從物質演化而來的。你並沒有把這些聲稱是正確的道理放在你最深處的智慧，並且認為他們都富有邏輯性。現在當你的靈魂和不可以看見的和無條件的精神物質很清楚地展示在你的面前，這些欺騙的東西就離你而去了。從現在起，你每一分每一秒都在說，「天堂和地獄的所有權力都給予了我。」

你相信那些你精神的、有道德的和社會地位高的同伴，已經取得或者授予了命令和影響你的宗教信仰、社會地位或者道德行為的權利，那麼你被騙了。在你心中溫順的自尊和智慧的精神正在自己閃閃發光，因此，你知道你是唯一的最高靈魂，

知道起源思想 —— 除了它本身，其他東西不能影響到它。這就是真理，聖靈的真理在認定中燃燒著火花。

你相信你有一定的連繫到自然的性格屬性，你因為這些在生活中受到限制，那麼你被騙了。你可能會猜想，例如，你是天生的膽小和畏懼，因此而焦慮和對世界的不適應，或者你是冷血動物，或者你缺乏表達你思想的語言，或者你的記憶很少，或者你在某些方面缺乏完美。

現在，這些幻象都變成空白的，你應該重新審視它。在每個人的靈魂的中央都是一盞熾熱的燈光，是精神的燈光。透過證明你和耶穌的關係，煽動這個白熾的火焰。拯救世界在於那些與上帝一道的人，靠他們帶給人們和平與親善。當基督之光照耀到每一個人，它不僅局限於他的意識，還有那些還在黑暗當中的等待的人們，否定看見和感受它的力量。

你現在知道法律正義的思考，將帶你進入一個了解你的完美的統治。生活是活得有價值，因為你可以讓你的周圍充滿你的最高理想。從今以後你要記住你的靈性意識起源。現在，你知道你的存在是純透明的心靈，你可以能動地否認任何不良特質和你的意識對完美的內在精神。我們已經背負了太多歷史的遺棄物。把它從你的意識中拋棄出來，假定在世界形成之前，精神統治是在你的手上的，你是與上帝同意識的一個。

✝ 第九章　背叛的哲學

　　聖靈頌揚耶穌，祂戰勝了世界，正與我們一道。祂正等待著我們的認知。如果我們承認其存在遺傳和權力，祂會淨化我們的心靈的信仰。透過冥想，沐浴在這無邊無際的海洋，你的智慧，愛和光：

「你的生靈讓我感到自由：
你，只是治癒我一個。」

　　你並不擔心你的意識都集中在善的道義。你知道上帝是全部，所以沒有反抗的力量。黑死病和瘟疫都不會傳染給你，因為你沒有共同的東西引起它們出現。

　　人類不應該患有疾病，處於貧窮不和諧或者死亡，祂從來都不會這樣做，所以祂的思想仍然連繫著因果。

　　傾聽精神的日子逐漸被那些有意識的人意識到，當他們知道它確切的連繫時，儘管是象徵性的形式，都會呈現出不朽。意識會變得強烈地活潑和生氣，產生至高無上的潛在腦海裡的，將反映身體的完美是多麼美好的。現在很多人理解法律將在身體轉變是達到極限，像在火之戰車中的以利亞。這並不會發生奇蹟，因為如果歷史是作假的，那麼許多事情將會告便。並且因為上帝是道「不需要尊重任何人」，我們應該尊重任何時候發生過的事件重現。在物理科學上有頭銜的改革論者，對推理結論深信，這是會有可能的。愛迪生說他的發明使他相信原

子時智慧的中心，也就是誰人來的身體是由原子組成的，每一個都是聰慧的物體，一個人可以透過控制他體內的原子，他想活的多長壽。

這是完美道義的合法外疊，在沒有極限的潛能裡，思想在穩步地一個階段的一個階段地展示出來。根據原則在和諧地運作生活問題，沒有後退的步驟。

耶穌說：「上帝不是死亡的上帝，而是生存的上帝」，生命之神總是與你們同在，等待你有意識的識別。讓神聖的生命物質流進你的思想，它將清潔你的所有種族信仰錯誤。你將成為新的思想和行動，你的臉會再次顯示出青春的豐沛，不朽的生命將被寫在額頭。

當你的意識在於精神時，你的地位是肯定和確定的，然後你不受到法律的否認。你可以簡單地遵從命令「你們要平靜，知道我是上帝」，工作就完成了。

第十章　肯定的話

　　基督形而上學家們認為，人們可以極大地加快形成自己的基督思想，透過證明與他在一起的心理暗示。這些話對初學者來說是看起來很滑稽的，當它是獲得理解語句分組對理想的，是公平和合理的。

　　當我們理解在精神意識的話語的力量，是在履行神聖法律的結果。

　　任何對真理好的描述話語，都能夠把我們和耶穌的距離在思想上的拉近，並且喚醒了潛在於我們下意識中的被儲藏著的力量，救贖開始了。

　　我們是否應該在禱告中，相信我們的禱告者的確切的答案，或著我們應該謙卑地問，把答案留給上帝的意願呢？大多數人在不同的時代都要面對這個命題。我們的心靈在兩種態度之間搖擺，在搖擺不定的時候，答案通常被弱化了。

　　無論我們選擇那一條禱告的方向，我們引用聖經來鞏固我們的位置，通常都能找到足夠的理由來支持我們是正確的。大部分耶穌的禱告者都是肯定的，根據英語的解釋，通常都不是出自原來的文意的。例如，偉大的主禱文，我們常用的，原本是一系列的主張和肯定，翻譯者沒有對上帝的兒子形成真正的概念，他們扭曲禱告者是在懇求幫助。當我們發現，我們在尋找一個適當的詞語表達我們的思想時，我們可以停止我們的禱

告，提升我們的細想和言語，以達到設立的最高標準。

上帝創造人類，來表達自己在這個世界，當我們無法符合我們神聖的權威，我們也就不能完成我們的使命。耶穌 —— 上帝的兒子肯定地說，「所有天堂和地獄的權利都賜予我」。當祂禱告時，所有事情都發生，祂希望祂的子民都能像祂那樣做。我們問，為什麼我們的禱告不能總是把事情終止。答案是，我們還沒有對耶穌提升信任和肯定。那麼我們如何提高這種關於耶穌的信仰呢？我們已經在尋求這種信仰，甚至公開宣布祂的名字，但是祂還是沒有持續地在我們身邊，為什麼呢？

答案是，我們沒有意識到和合理地利用我們高貴的遺產。我們沒有把我們負面的種族信念從思想上移除，但是卻分入了流行的思想管道上，因此把我們自己更加固定地捆綁在人類的無能上。每一個新進耶穌的人都要注意一點，也就是說，耶穌的洗禮，給予了我們非常明確地靈魂擴張，也灌輸前所未有的思想和言語力量給我們：「祂的命令帶有威信」。

耶穌教導祂的跟隨者，在思想和言語中堅持肯定。我們不知道祂在語句中用了哪些詞語，但是透過英語判斷（是從希臘語翻譯過來的），耶穌是非常積極在祂的斷言力量的精神的人，特別是對那些跟隨他們的人。祂教導我們這個詞可以用來構建或者毀滅。祂的破壞力可以透過無花果樹證明。透過這個連繫，只要祂發號施令，我們可以帶來任何想要的東西。有比這方面

更強的嗎？「一切無論是什麼祈禱和請求，請你們相信並收下它們，你們將會擁有」。

　　宇宙的生命之流受制於人類。這個生命流從上至精神通過同情的神經，下至生命能量的運動神經，集中於人的身體並在身體裡流動。在創世紀中，這股生命之流被形象地描述成「知識之樹的好與壞」和「生命之樹」。

　　耶穌說：「你從下面來，我從上面來。」在我們目前的種族意識中，我們確定我們自己的主動意識是知識之樹上的好與壞。透過主動地獲得這種能力，肯定我們與精神的統一和力量，我們可以得到生命之樹的控制權，並且得到永生。某些神祕學校教導這種如何讓抓住生命之樹力量流的方法，並且如何增加它的壽命至幾百年。但是如果主觀意識不能從邪惡的思想中救贖出來，那麼就不可能永生。亞當被驅逐出伊甸園，是因為他可能把生命之樹的果實吃光，並且永遠生活在他的無知和原罪下。想要得到永生的安全的方法是耶穌的重生以及每一個靈魂的救贖。

　　思想控制是每個家庭都最需要的。這是真理。然而，當控制兩股生命流的統治權被忽視了，就會被削弱。透過他對上面的精神的覺醒使他得到地宣告流的統治權。他說，「我對你說過的話就是精神和生命」。他緊握著從上面得到的電流，並且與下面連繫在一起，產生了超級電壓。這兩股流的有效的接觸點是

身體的喉嚨，思想的音樂盒。經由將注意力集中在喉嚨的複雜神經和確定它的存在，這個聲音就得到放大和強化。「所有的力量都將給予我，所有的力量都將給予我」。這不但把力量給予聲音，而且給予了把負面轉化成正面的能量。這一過程說明了在加利利的迦南，耶穌把水變成酒。這種早期的奇蹟在他的經歷發生在他的身體，組成部分再生。迦南的名字意思是「地方的蘆葦」，加利利的意思是「滾動能量」或動量，說明當詞語要說出的時候，是在喉嚨那裡發生的。當說出關於精神的詞，不僅在外部的環境改變了，還有身體充滿水的細胞都從懶惰的行為轉變成為喝醉酒或者最活躍。如果一個破壞性的角色的思想主導，身體遭受和最終破裂。因此從我們的言語判斷自己。

從我們的經驗中研究思想，我們知道，所有人類的邪惡的人性都有其思想根源，人類無法用自己的思想表達與道的一致。

思想控制是重要的。種族要前進，那麼必須要有一個老師在意識的兩個方面，心理和精神層面的。為了這個目的，在意識的這兩個層面必須要合作，因為他們是互相補充的。宗教變得實用和有效的在日常生活中，它的禱文包含了心理學。沒有宗教心理，在種族的根基就會變得脆弱，也不能對對外在的理想給出適當的注意。實際上，宗教全面地說，是包含心理學的。耶穌就是一個淵博的心理學家。

事實是，在沒有更高屬性的大腦，宗教不能在其科學方面

有效地傳教。保羅能夠最有效地傳授宗教，沒有人在這個方面
能夠與他媲美。他說，「你要擁有這個同樣也在耶穌的靈魂」，
他不斷地重複耶穌思想，這個是基督教徒的一個固定思想。在
《希伯來書》也寫道，「我將把這個道寫進他們的思想中。」

　　與耶穌的思想相比較，我們發現在許多方面，我們可以提
升自己的思想和語言。我們可以使我們自己相信，但是我們有
沒有用實際舉止來證明呢？每一個讀者成為了一個信徒，並得
到了耶穌承諾的福利。如果祂承認耶穌教徒的精神狀態和不斷
誦讀祂的話語。

第十一章　理性化你的智慧

　　我們自己並沒有獨立的靈魂，只有唯一的普遍的靈魂，但是我們可以感覺到並且可以控制它。我們可以控制我們自己的思想，而我們的思想組成我們的意識。我們透過認識自己，會發現，我們不經意地把自己分成了不同的人格個性。我們應該是有意識地做這些。我們的意識必須意識到，我的力量是在意識上給予我們，然後連接和統一耶穌的偉大思想。

　　因此，耶穌思想，是一個我們尋求理解和與我們的思想相統一的一個中心思想。作為精神療法家，我們認為耶穌思想就是神聖的思想。在人類的意識中，它的功能有兩種，一種是展現在肉體上，另一種是展現在精神上。精神是所有物質之源。

　　在日常的禱告中，要讓敏感的心靈得到深刻的印象，它是同一個神聖心靈，或者是在基督耶穌的心。

　　以這個理解作為我們思想的根基，以實現用思想的力量在人類的靈魂層面打動人的心靈，這是無用的禱告。

　　我將自己的意識從身體的意識分割，使我可以進入耶穌的心。

　　首先，我們將自己的思想抽離肉體，並將這些意識提高到與神聖精神同樣的高度。我們緊緊地將他們鎖定在腦海中，直到他們開始找到神聖精神的本質，神聖力量，神聖的愛。我們可以看到在這個世界上的所有東西都是來自這個精神思想，所以，要抓住這個肯定，直到神聖的蒼天呼應我們的領會：

我將自己的意識從肉體的心智分離，那麼我可以進入耶穌基督的心。

在禱告的價值和實現的連繫中，我們想起雅各和以掃在受到他們的父親以撒的祈禱時的經驗。

優先給長子祈禱是官場的做法，這個禱告屬於以掃。但是，雅各透過哀求他的母親利百加，也得到這種禱告，當然這是透過詭計得來的。這種手段是不誠實的。以掃對他的弟弟想要得到最先的禱告而感到氣憤，甚至做出威脅他生命的行為。他的母親讓雅各逃亡到她兄弟拉班的國家，雅各馬上出發了。然而，他陷入了茫茫沉思。

作為形而上學的基督徒，我們拿著的經文是一個靈性的人類歷史以及歷史事件的外層。我們嘗試根據它的意思來理解。精神的東西要用精神上來識別。聖經是精神上的書，我們有了一個深刻的理解，因此，當我們不僅僅把他們看作是個人，而是一個種族的整體，提高了我們對雅各和以掃的興趣。

如果我們認真地了解雅各和以掃，我們會發現，他們代表著處在人們內心的統治的理想，那是屬於他們自己的。他們是我們的興趣。當我們在讀法律的時候，我們發現以掃是一個狩獵者嗜好者，代表著肉體和身體。而雅各，代表著靈魂、靈智的人，喜歡家和安靜，生命中一些精神的東西。

　　當然，在自然淨化過程中，自然人是首先出現的。然後才是成為有精神的人。但是，我們發現，有精神信仰的人，而不是靈智的人被神聖精神點亮，從而得到保佑。透過這種保佑，以色列人成立了大型商店。很顯然，祝福是一種精神鼓勵的來源。它存在思想中的筋骨的根基，它能帶來美好的東西。詛咒強調罪惡，而祝福強調的只是美好。因此，我們開始了解到靈魂的演化的重要性，得益於兩個人，雅各和以掃。

　　當我們看以撒為雅各和以掃的祈禱，（他果然先為雅各禱告，然後才是以掃，以顯示出以掃的人格），我們可以發現，以撒是按法治精神行使他的禱告。以撒為雅各的禱告屬於靈魂而不是身體，實際上，它屬於一部分為種族的服務，這部分是與權威相關的。

　　在這個祈禱中，有一個固有思維的能力，使之可以行使權利：「讓人們供奉你」。思想帶領著身體，「讓國家向你跪拜」。我們看到國家聽任於一些偉大的思想，一些獨裁者。

「讓你母親的兒子向你跪拜：
每一個詛咒，都是咒罵你，
每一個祝福，都是給你的。」

　　我們從這裡可以看到意念禱告和詛咒的力量。我們看到，用意念詛咒的，自己到頭來還是會得到詛咒，反而用意念祈禱

的，我們將會得到祝福。

如果我們研究我們的靈魂，我們會發現它在連續不斷地散發著能量，無論我們散發著什麼能量，它都會反射回來。我們都能在任何地方看到這種事實證據，不僅是個人還是全體。

以撒對以掃說：

「看吶，地上的肥土必為你所住，

天上的甘露從上面來；

還有在刀下生活的，必須侍奉你的兄弟。」

我們的身體裡有這些象徵。「地上的肥土必為你所住」：人們住在離土地非常近的地方。「你必依靠刀劍度日」：他是生命，人的心靈散發執行他敵對的想法。靈智的人，是最高獨裁者或者是統治者，命令著人們要服從他的命令。

「當你要掙脫，它應當成為現實，

當它要掙脫，你就把它的脖頸擰斷。」

在人類演化的過程中，身體（以掃）最終成為身體。以撒的禱告在世界上得到實現。我們發現，在靈智人類統治的階級，現在開始維護自己的權利。他們開始掙脫智力靈魂的枷鎖，肉體開始維護它自己的權利。我們現在每天更加注重我們自己的肉體。人們漸漸意識到，身體是人類的一個重要的部分，所以我們可以隨處看到這種禱告。我們會發現自己有一個傾向工作

的兩種看法。這種傾向是，統治，隨他去，忽視我們的身體。但是，身體正開始打破束縛，並且要獨立開來。它要告訴我們：「為什麼我是世界上重要的一部分，你不能離開我，去遙遠的地方，我是你身體的重要成分。」所以，在以掃的幫助下，肉體開始掙脫這個主導思想，已經把它從美好的事物分離。我們抬起來，它開始成為一個在世界上的影響力。

　　我們在社會和經濟的演化中必須很快地達到一個被認為是更大的方向，並使之成為我們生命中的一個整體部分。這在思想和心裡層面已經十分清晰。以撒（我是人）知道這種統一，並且在他對兩個兒子的禱告中清楚地表達出來。我有兩個兒子，身體和靈魂。是靈魂將我們和道連繫在一起的。雅各做到了，但是以掃卻沒有，因為他沒有意識到他也是上帝的兒子。雅各把這個禱告從以掃那裡拿過來。當他意識到他是第二把手時，他成為了獨家代理，但是，他在種族中取得進展，得到今天我們的靈智統治所有事物。顯然，雅各教員（璀璨的智力）已經假定其特權在今天的世界。智力璀璨的規則統治世界，上帝是無所不在的，上帝是聰慧的，就像靈魂無所不在那樣。祝福我的意識帶來的智慧，有最大的執政能力。但是我們發現，我們不僅要祝福我們的身體，更要祝福一切與之有連繫的東西。

　　在我們學習聖經時，我們會發現，在雅各打破物質意識的束縛時，他得到了許多其他的經驗。他去了其他國家，不同的

意識形態，在那裡，他覺悟到更高的精神層面。在創世紀 28 章第十六段我們可以知道：「雅各甦醒了，他說，耶和華在這裡，我知道的。」他是在沉睡中的意識中。他做了一個夢，看見從地球延伸到天堂一條樓梯，上帝的天使和信使在這裡上上下下。耶和華在這樓梯的最高處，其他人告訴他，他是這個國家的國父，所有的祝福都將是給予他的。當雅各醒來的時候，他發現上帝仍然在那裡，在「上帝的房子」。換句話說，這裡就是無所不在的證據。

　　每個獨立的人都必須意識到上帝是無處不在的，不管在什麼樣的環境，上帝都是無所不在的神聖靈魂。在這種情況下，雅各被大山包圍，他用沙漠裡的石頭堆砌起耶和華的祭臺。不管外在的環境看起來是怎樣的，我們知道上帝是無處不在的。對頑固不化的人通常有大覺醒的經驗。

　　當人類開始看到在表面之下，意識到上帝是功能與他不斷，他試圖使一個聯盟與無限的心靈，無處不在的上帝心靈，在聖經中我們知道：「雅各發誓，如果上帝和我一起走這條道路，給我麵包吃，給我衣服穿，那麼我將平靜地回到我父親的身邊，把耶和華當作我的上帝，這塊石頭，就是用來當作上帝房子的柱子，那些所有上帝給我的東西我都將會把它們全部給你。」

　　這是一個關於人類第一個闡明無所不在的物質的契約和協

議。他可能在意識到上帝是我之前就已經知道了，耶和華帶領著他，但是他並不知道塵世的物質，關於他的雕刻，都是有代表性的；它們都是神帝的一部分；它們都是光明的物質；它們都是美好心靈的物質。雅各的承諾，是我們今天所說的課稅，使上帝成為我們經濟的一個搭檔。

雅各成為了古代著名的金融家，他從耶和華的光輝下知道如何利用每一個機會。我們為什麼不把雅各作為一個理財的榜樣呢，因為他是一個成功的騙子。他展現給世界的是在金融上的一個騙子和狡猾的人。但是，耶和華是和他一起的。（雖然有時有一些我們無法理解的矛盾）當我們知道，關於力量的指令是屬於我們的，我們成就經濟上的發展，然而，在最後，我們還是要引來無限的神聖靈魂的。

但是，隨之而去，雅各喜愛耶和華，並與上帝分享他的財富。他證明了法律的課稅，課稅的基礎原則的財務增長。如果他按照捐稅的法律，那麼他將成為擁有這個世界物質的人。雅各把重點告訴了我們，那就是，要意識到上帝是所有物質的一部分，如果人們想要好好地把握著些物質，想要把這些財產發揚光大，那麼他應該學習雅各的做法，把耶穌當成搭檔。

每個人都有無處不在的經濟頭腦，如果人民開始使用他的經濟頭腦，那麼他將得到所有他想要的資源。

如果你想成為一個富人，如果你想擁有世界上最美好的東西，那麼你就與上帝為伴，把祂的思想合併到你的思想中，在你每一天的付出中。給你的物質與思想，它是處理是上帝的錢。意識到這是他的第十，你給祂的榮耀。在你的腦海裡，你會開始去尋找新的吸引精神的物質，那麼所有的東西都將展示在你面前。我會對那些想要炫耀財富的人說，把上帝當作你的同伴，那麼你就會有豐裕的財富。

第十二章　意識神智和下意識神智

　　我們都對意識很了解，透過意識，我們建立了與外在事物的連繫，並且認識了我們個性的實體。實際上，那些人聲稱意識是唯一存在的。他們抱著一個迄今未知的國度。這樣的人因為這些紅衣主教紐曼說他們「只擁有他們的知識，而不是擁有它」。但在適當的季節他們會清醒和響應號召的精神，「來得更高」。

　　潛意識是廣闊的，沉默的領域位於意識的背後，超意識之間，人不了解它的性質和它的架構，它是在他的現狀和達到他的最高願望「鴻溝」，他的美好願望。潛意識也被稱作靈魂的敏感層面。它的真正作用是收集超意識的印象，並在意識中重建出原來的摸樣。然而，人類把神父是永遠存在的事實拋諸腦後，逆轉這個過程和印象的潛意識。透過這種方法，根據意識裡的想像，意識對好和壞的東西形成了印象。既然重建或者說把影像投射於意識是潛意識的目的和本質，意識已經接受到了確切的畫像，那麼意識就表達出兩種反面的概念了。沒有持久的結構可以建造一個誰是「心懷二意的人」，他的一切所行都是不穩定的。

　　我們要回歸他的來源，並且讓他存在的真理流露出光芒。他一定把侍奉二主，甚至是基督以及精神意識拋諸腦後了。耶穌說：祂並不是要破壞法律，而是法律讓祂變得充實。每個人出生來到世界的使命就是完成身為人存在的法律，一個人唯一

能做的就是從原因到結果。

「因此接受神，你們親近神，神就必親近你」，讓知道我們沒有讓整個旅程獨自回到父親的身邊是一個安慰。我們理解到，當浪子回頭，「當他還在遠處，父親就看見他了，他同情地朝他走去，奔跑著，靠在他的脖子上，給了他一個親吻」。

潛意識是隨時準備傾訴出美好的祝福，也很快地回應意識的召喚，在潛意識中相遇。精神是無所不在的，但是人類用自己創造的幻覺的世界把自己隱藏起來，在這迷霧中，他看不到神父，或者抓住潛意識的光芒。耶穌的到來時把意識控制能力給予我們，給予我們必要的力量去驅散這些雲霧，為了「尋找真理之光，甚至照亮整個人類，而來到世界的」，可能照耀著我們。所以，我們看到，超意識首先在意識中傳送它的智慧之光，然後透過他們的影響，人類被帶到他要尋找的王國，在那裡，所有的東西都給人類。

當超意識得到提升或者是重生，潛意識和意識都將上帝轉換成真實的影像。意識的靈魂在這個轉換過程中必須充滿虔誠。它必須看起來曾經到超意識的所有方向指導。它可以保證不做任何事情，因為精神智慧是存在於超意識中的。

超意識是為了意識的利益而存在的，除非再生，否則它會阻撓每一步有意識的努力，以致「你們可能不會做你們喜歡做的事情」。

超意識有時候也叫做記憶。經常聽到有人說他們有「很差的記憶力」，而他的潛意識是沒有經過系統的鍛鍊或者是喚醒過。有時他嘗試「像其他他所知道的事情」那樣重溫一個單字或者一個名字，但是他就是說不出來。過幾天後，或者，他根本不想去重溫，那麼這個詞就重現了。潛意識一直在重溫，只是這個過程有點慢。

潛意識可以透過意識的鍛鍊，變得系統化和確切，但是在創造印象去尋找潛意識的過程中，意識必須是忠誠和始終如一的。

一個速記員用視差法學習了五年打字速記。打字指法的優勢（不看鍵盤打字）透過她渴望學習這種打字法深刻地留在她的腦海裡。一開始，她並不相信她自己可以做到，因為她是如此「習慣用另外一些方法」，她很積極地投入工作，以致沒有時間練習，但是她的渴望仍然存在，直到一個機會的來臨，她得到了一個不同的工作職位，為她的練習提供了靈活的時間。她與其中一個學生保持著聯絡，所以每天都得到相應的鼓勵。她用了大概六個月的時間來用意識記住鍵盤和如何控制手指的移動。最終，她的意識中形成了正確的手指移動法，並且手指都自覺地在正確的地方。

「思想的速度比視覺快」是她在乏味的練習中的座右銘，事實證明她是正確的。如果她不用看她的工作，那麼她一直用

錯誤的指法輸入，然後她就聽說她的手指比她說話的速度還要快，因為她很用心地鍛鍊和持續訓練。當然，她的手指頭可以自己不做任何事情，因為靈魂是開動的力量。

　　潛意識也被稱作心，在聖經中的很多參考數據都顯示，潛意識的本性和官職都被聖經的作者所理解。「用盡所有的努力保持這顆心，不在這個範圍內的都是生命的話題」，解釋了潛意識開發的重要性。然而，如果人民不能保持這顆心，或者用他的潛意識控制，那麼他將得不到精神的庇佑。超意識到達潛意識的最底部，並且將在錯誤思想中的能量都釋放出來，這些如果能做到，那麼人類就能輕易地到達和塑造潛意識，與神聖的精神相一致。潛意識的重生不是意識的功勞，而是超意識在意識裡的活動。

　　以西結評論上帝的精神，「你們要將所犯的一切罪過盡行拋棄，自做一個新心和新靈」。這是評論有意識和靈魂的人。但是後來上帝精神說，「也會給你我一個新的心臟和新的精神」。因此表示整個頭腦必須接受再生。為了創造完美的人，必須把這意識的三個層次統一協調起來。「我和耶和華都在尋找靈魂，我嘗試從心裡尋找，甚至根據每個人指點的方法，根據他們的結果。」「請清洗你的內心，不要三心二意。」《雅各書》說道。我們淨化了我們的心，當我們把意識轉化成內在的，純潔的思想就會回應我們的號召。「他與主的聯合便是與主成為一體」。

當我們尋找超意識和意識時與身體和令很的力量都結合在一起時，我們舉起潛意識直到一個完整的、意識三個階段的統一思想的影響，我們於是就建立了「真誠的心」。我們可以借用《詩篇》，「他的心是確信耶和華的。」我們並不害怕任何事情，因為我們知道，我們利用神的思想，他們是好的。

第十三章　轉世

在西方世界，通常把轉世、重生看作是異教的信條。許多的人們關閉自己的想法做事情，沒有等待找出資訊可能帶來解釋在真理之光。在這章中，探討關於重生的真理，展示為什麼我們認為在耶穌教條中，這是合理的。

耶穌的教義是，透過祂，人們將會感受到從原罪中釋放出來，並拯救到極端 —— 靈、魂、體。直到獲得這救贖，就是死亡。為了讓人類獲得最大的拯救機會，生命是必須的，透過表達生命的身體同樣是重要的。所以，當人類死亡了，失去了身體，重生就開始在他身上出現，他利用了亞當的方法來恢復身體的新陳代謝。神恩允許這個過程以便人可能有進一步的機會，以展示基督的生活。但一代人和死亡必須讓位於再生和永恆的生命。重生是必要的，因此，讓凡人死去是權宜之計。當人們利用救贖，再生基督的生命和放棄垂死。

重生不應該過分地強調，因為它只是一種暫時的補償，所有死者復活。整個人 —— 精神，靈魂，和身體 —— 必須提升到生活和完美的基督意識。

耶穌教導我們，重生或者復活是統一的自然力量，在運作中使人恢復其原始不死的層面的努力，人類，透過他對生命法律的武士，帶來了自身的死亡，在創世紀第三章中提到過。但是生活的跨度，從嬰兒到老去死亡，並不是所有人的生存機會。只有在一個完美的身體，生命才是延續的並且成為和諧的

整體。透過反覆試驗，在生活，人發現他必須學會控制在他身上的生命問題。

引起人們對反對重生的觀點，大部分來自於他生活在他的個人意識，也不能看到精神上和宇宙上的東西。他認為重生將失去他的個性。但是個性是持續的。個人意識是不會持續的。人終有一死，這對每個人來說都是一樣的。對放棄自己的個人意識的現實性和重要性的信念是很清楚的。

他有局限性的個性的人，他所有的關係，必須讓位給宇宙，基督的人。特權的放棄或拋棄一切 —— 父親、母親、丈夫、妻子、孩子、房子 —— 為基督的緣故，所以進入永恆的生命意識的土地。這樣做，我們實現永生和得到百倍離棄我們的東西。如果我們忽視或者拒絕做出「犧牲」，偏向於住在狹隘的，個人的道路，緊緊握住舊的人際關係，那麼你將得不到任何東西，只是能看到你自己選擇的結果，並且為死亡買單。這只是一個關於放棄所有東西和得到永生的問題。所以，如果重生讓名人們遠離老死，也許並不是件壞事，畢竟他給了我們新的個人關係。不斷使這些上升時每個人都必須心甘情願地為自己工作。死亡和重生並沒有償還，再生只是給重生一個更遠的機會下的賭注。

純潔的，不易腐敗的精神物質，透過忠誠建立在生物體內，純潔的精神思想和語言，使身體變得不腐敗和永恆。當思

想從錯誤轉變成真理，身體發生反應了，最終的改變就是每一部分都變得完美和統一。因此，那些嘗試擁有永恆生命的人，在信念中堅信那個承諾，他們能夠在墳墓裡被拯救出來。

你要知道，神，靈和體都是人類必須的，他不能相信那些說意識的統一而長久生活，很容易發現，相信死亡是更高層次的生命的開門，進入天堂的門是錯誤的。要證明生命是永恆的只能夠透過生活 —— 身體和靈魂在一起 —— 解決這個問題，並且得到提升。

感覺意識並不能將自己從物質和原罪中脫離出來，所以只是簡單地重複生育並不能把種族向前發展。這只是精神一代又一代地滅亡，當人們能夠承受它時，它已經經歷過所以進步。人們的成長使之成為可能，新的真理我們可以看清楚，新的天命也到來了。當時機成熟了，耶穌也降臨，帶來了拯救死亡的好消息。但祂的話不得不工作在種族意識近兩千年前有人充分喚醒和加快相信一個完整的救贖並努力抓住它。真理潛移默化的影響最終都將影響到整個人類，那麼所有的人都將進入精神生活的光輝下。

在創造靈魂的立場上來說，作為提供精神發展的機會，重生是痛苦的。所有人經歷過的精神成長都成為了個人的真正特徵，如果他有信念，他將最終收集了如此精神力量和智慧，以至於他可以證明耶穌拯救了他的身體，「徹底將他拯救出來」。

但是我們反覆強調，重生只是一個機會。

「現在時間是⋯⋯」重生的過程現在正在精心，所有的男人和女人都在甦醒著，即將到達一個生命意識，理解還有完美的身體境界。重生必須延伸到亞當的每一個人們，無論他是否成為我們所說的再生或者，他已經是耶穌所說的死亡和沉睡。所有人都必須被喚醒，要達到靈魂的身體的統一。

現代許多關於重生的觀點都是無知和愚昧地傳遞下來，並且毫無疑問地被接受了，因為他們透過聖經裡的字裡行間作為支撐。但是所有這些在聖經手稿中，我們似乎應該重新回歸這些文字，看其字面的意義和標誌是否告訴我們死亡的意義。因此我們可以發現我們每天都在甦醒當中，終有一天我們能夠從墳墓的思想裡重生。當這種死亡思想提升到一定高度，我們發現我們自己漸漸地進入健康，也就是說，我們已經意識到我們的身體自覺地更新，並且因此慢慢地變得不朽了。這樣有力的和深遠的工作包含著承諾「他應該做比這些更偉大的事情」。

在《約翰福音》（金詹姆斯版本）中「重生的詛咒」。詛咒是譴責。保羅非常清楚地說，亞當的逃逸，導致譴責降落在他的民族。因為死亡並沒有力量幫助任何人，所以亞當的子民當然難逃一死。因此，當人們得到重生，他們是「來自於譴責的重生」，換句話說，譴責或者是改正。每個人都是從他離開的地方重新開始的。但是，儘管人類在譴責下死亡，以及在那個層面

上重現，他有機會，在重生的時候遇見耶穌（在他那裡沒有懲罰），認清他是與耶穌同一個民族的，向耶穌證明他那不死的生命。所以在亞當面前公證，包括死亡，可能發生在每一個人的身上，甚至耶穌基督。

每個能證明他與基督一同復活的人必須先保持生活的信心和肯定，對於祂提出罪惡、譴責和死亡而進入永生的說法絕不動搖。然後生命之道、復活和救贖的工作在思想和身體上一天一天地進行著。「我每天死亡，我每天出生」。每天都有一些舊的限制或錯誤站不穩腳跟而逐漸消逝，取而代之，那些不朽和清廉的物質真理更堅固地建立在意識上。身體在這種方式下轉化著，提出了榮譽、廉潔和不朽。這是死人的提升，正如耶穌諭知。

然而，有一些細節是必須要注意的，在這個時候，只需簡單推測。讓我們的靈魂想一些關於精神工作是怎樣作用於我們的問題是沒有益處的。我們的使命是，如何讓我們自己一直處於積極的生活思想中，意識到無處不在和完美的上帝，因此完美的生活越來越多地進入到我們與他人的表現中。當我們知道，忠誠對種族的意義，我們應該慶祝忠誠與真理，因此不再帶來死亡和墳墓。「我們不會死亡，那麼就沒有哀悼，哭泣或者痛苦，再也不會有：最開始的東西已經過去了」。

你不記得前生不能說明什麼。你也不會記得你出生的那天

發生了什麼，但是你不會將你的出生視為一個疑問。相反地，你只記得你現在的生活是什麼樣子的，但是這也不會改變你曾經生活過的事實。記憶，對於一個自然人來說，是一連串腦電波的紀錄，攝影或攝影的片段。在過去的生活中，經歷的記憶並不在嬰兒的大腦結構中清楚地記得。那些記憶只是模糊的畫面，身分的感覺也是模糊的。但是在生命的場合中，在宇宙的廣大靈魂中，所有身分都是急遽地被記住了，隨著個體變得豐滿和不斷地從個人意識提升到宇宙意識，他將能夠把零碎的經驗橋接起來。他將會了解他自己。意識到自己的精神身分是上帝的兒子，他既不會糾纏於現在或者是過去的自己，但是會聲稱和證明他神聖的父子關係。他不會限制於短暫的生命，開始於出生，結束於死亡，而是將會在意識中長存，從來都沒有開始或者是結束。

第十四章　上帝的豐裕

蕭條的時光帶來了人們永遠不會忘記的繁榮的日子，祈禱者和奮鬥者走向成功和安逸，或者他不能建立一個堅實的經濟根基。如果他能夠想到更多的生命的物質和自由，那麼他可能逃避貧困的折磨，他已經在富裕的中間迷失了好久。

增長包含初級和次級兩個層次。人類透過努力和利潤，堆砌起很多財產，並經這些增加到次級，並認為這些是獲得財富的真實手法。但是，透過這種方法得到的財富是不穩固的，通常可能在一天之內消耗殆盡。然後，人類就覺得傷心沮喪，並且經常想他們存在的方式永遠離他們而去，生命也不再值得繼續下去了。這些人從來都不曾真正對他們的財富感到高興過，因為他們總是對失去他的財富誠惶誠恐的。在世間很充裕的面前，他們暗地裡為缺乏思想而困惑。

我們情不自禁地想，聰明和有先見之明的創始者一定計劃著把很多財富留給他的子孫後代。事實上，他並沒有。擁有他那永恆的資源，源自他控制的力量，以及塑造在永恆存在的物質的精神裡。

顯然地，我們生活在兩個世界：思想的看不見的世界，還有一個看得見的物質世界。在思想的看不見的世界裡，物質才是真正的世界，因為這是世界物質的來源，人類就在這兩者之間，拿出他的思想無限的物質。當人類在他的行動和思想中了解到看得見和看不見的世界的區別是，他所需要的東西都得到

滿足。耶穌說：「你們要求要他的王國，然後是他的正義，這些東西都是要給你的。」

但是看不見的思想物質對人類的思想是非常敏感的；也就是，東西大概是人類聲稱那些來源於上帝的東西是屬於他的。如果人類囤積那些看起來是屬於他的東西，他堵塞了那些原本流淌的精神通道，所以接受得很少。

當你處理你的錢時，看管好你的思想，因為你的錢是連繫到你的靈魂，這個靈魂來源於所有物質和錢。當你想你的錢是可以看見的，就像有一些東西根據你的想法給予或者保留的看不見的來源，你有所有財富的鑰匙和缺乏的理由。

保羅在《哥林多前書》中寫道，他在金融方面有關於這個意識的法律，「播種少，收穫也少，播種多，收穫也多。」

這種靈魂的法律，適用於那些要暫時對家庭需要負責任的人，因為，他們十分需要，把實際認為物質進入貨幣收入和支出。孩子和那些不需要工作就得到錢的人，沒有把太多心思放在心上或者精神的想法。但是，一家之主需要不斷地想如何增加財富，因為這個法律不是對好人或者所有人趨炎附勢的，很壞心眼的人，希望世界結束，因為他們不知道這法律在思想上的播種和收穫。金融領域是一片很大的範圍，我們每天都在上面播種和收穫。金融天才每天都處理很大量的業務，因為他們

✝ 第十四章　上帝的豐裕

在供應上有很多想法。

上帝，身為給予用不完的豐裕的思想的給予者，很喜歡那些放棄他們自己來接受祂灌輸更多思想的人。保羅說，「上帝可以製造更多美好的事物給你，使你總是不缺乏任何東西，並且給予你所有的好工作。」

恩賜背後的思想才是真正衡量它的價值和效率的。耶穌用一個故事證明：當祂呼喊一個可憐的寡婦，那個女人拿出兩條蠕蟲放在寶庫裡，在她的猜想中是十分大的，因為在這個寶庫裡儲存了她所需要的生活的東西。它使我們思考我們的禮物，讓它具有精神價值，而不是印在硬幣上的。蘇格蘭人的故事也說明了這個道理，大意的蘇格蘭人扔出一個金幣，以為它只是一個便士，就把它扔棄，當他發現它不只是一個便士時，他想要拿回。那個執事拒絕了，蘇格蘭人就開始咕噥說著，「好吧，好吧，我會在天堂記住你的帳的。」「噢，你只記得這是一便士而已！」

我們很容易會忘記，上帝是我們供應的來源，所以我們有感恩節，和在飯桌前的恩惠，無論我們什麼時候收到或者給出錢，我們都要知道無上的給予者的道義。在這方面，賦稅無疑是最昂貴的，上千萬的成功的商人用賦稅來延續他的財產和精神利益。

雅各從他成功事業的開始就一直納稅。「他們所有的都應該給我們，」他向耶和華鄭重發誓，「我一定會給你十分之一的。」支持他課稅的的宗教是在任的所有以色列人。

形而上學洞悉和揭示了為什麼耶穌總是注意他們的財產。透過十一的課稅，人類使上帝成為他們的交易夥伴，從而保持了管道的暢通。無論是誰認為他正在幫助上帝在地球上工作，並不能真正幫到忙，但是他相信上帝會幫助他。這不僅事實上使上帝成為一個沉默的搭檔，更是一個積極的從看不見和不知道的來源產生財富，為經濟收入敞開大道，並從各種方法累積個人財富。

該法毫無疑問的適用於那些堅持其應用的人。但幾乎所有的人在他們繁榮時承認他們落入誤差，在《申命記》中提出的某些階段：「當心，否則你會忘記耶和華，什麼時候，你的銀子和黃金相乘，那麼你所有的東西都將相乘，然後你的心就會得到提升，你也就忘記耶和華是你的上帝，將耶和華放在心裡，我的力量和我的手就可以得到這些財富。但是，你要記住耶和華，你的神，因為你是靠祂賜給你力量來獲得財富。」

我們賦予金錢尊嚴，但這並不屬於它本身。金錢和那些擁有金錢的人，看起來像是具有一定力量的人，我們尊重他們，因為他們是沒有智慧的。恐懼是根源，我們害怕那些因為金錢而斷送生命的人。

他的力量促使人類用各種方法去搶錢，或者人類給他力量，它的想法是，錢是應該為他濫用金錢負責。但是金錢的破壞力是無法治癒以金錢的名義出現的惡魔。這不是錢，而是對錢的熱愛，這是所有邪惡的根源。人們需要明白的是，金錢只是代表無限的豐裕和獲得的靈魂物質；這並不能被任何一個人自私地利用和儲藏起來；這只是吸附於那些擁有它的善良的人；那些訓練他們自己的思想，去依靠這種精神物質來提供任何東西的人，從不缺乏。有需要的時候，他們只是在唱歌，祈禱和讚揚他們得到充足的供應。如果靈魂沒有與金錢連繫在一起或者是愛金錢，只是集中在這美好的物質上，那麼在展示中沒有失敗過。

「因為你用愉悅服務於耶和華，你的上帝，感覺愉悅的心情，那是所有事情都很充裕的原因；因此，要侍奉耶和華，你必須與你的敵人征戰，飢餓，飢渴，赤裸，要所有東西的願望。」

這是摩西對以撒孩子的忠告，在這天要揭發出來。對於大多數人來說生存是一連串的奴役。對於他們來說，上帝是拯救的司機，他們在思想的鞭策下艱難地生活。生活就是沒有希望停下來和平靜的，一項接著一項的任務。

這當然不是命運的全能和計畫，博愛的父親為他的孩子。當我們在生活的壓力和負擔下呻吟和流汗時，我們是在為撒旦

服務，而不是上帝。這邪惡的思想使我們相信，生活只需要很少東西，而我們必須辛苦工作來獲得我們的份額。的確，這樣的條件做臨到那些把他們的臉從上帝那邊轉過來。「在臉上的汗水付出下，你要吃麵包」。

然而，那些崇拜耶穌的跟隨者，神父逃避了那些狡猾的人的詛咒，恢復了身為上帝兒子的自由。

當他確定他是為上帝而工作時，所有事情都變得美好，因為上帝是一個大方的給予者。然後愉悅和高興就會在靈魂中油然而生，「因為所有事情都很充裕」。這意味著，當我們讚美上帝，感謝祂的供應和支持，我們得以開明地接受祂精神和物質上的充裕。

耶穌說：在我們進入天堂的王國，我們必須成為小孩。大多數小孩都是很容易開心的。他們還不知道生活的艱苦，也沒有體會到成年人的莊嚴。他們只需要每天蹦蹦跳跳、唱唱玩玩的，就能滿足他們的欲望。

我們都渴望回到這樣愉快和自由的童年，希望這樣的時間永遠存在，但是，為什麼它還是離我們而去呢？

我們都知道，在成熟的生活中，我們有很多需要我們去學習的艱難的事情，因為磨難和苦難都是我們生命中不可或缺的一部分，因此我們必須經歷這些磨難，以提升我們的個人品

格，也就是，我們的意識。但是耶穌說：我們在進入天堂王國的之前，必須成為一個小孩，而那個王國就在我們心中。

小孩子對生活中的苦難並沒有意識到，那麼邏輯結論是，當我們解除安裝錯誤的意識狀態和成為像孩子那樣，我們就應該開始知道天堂是什麼樣子了。

在你問及父親要必需品的時候，他早就知道了。結果，你還是要這樣禱告：

「我們在天堂的父親，祢的名字一定是很神聖的；

祢的王國一定是很精力充沛的；

祢的遺囑在天堂和地球一定得以實現。」

「請賜予我們今天和明天的麵包；

「請原諒我們的錯誤，就像原諒那些得罪了我們的人。

祢不會引領我們到引誘物，但把他的邪惡傳遞給我們。」

主禱文的翻譯可以在「完整的聖經現代英語」中找到，作者是斐然芬頓。

芬頓在這譯文的注腳寫道：

以上是原始希臘文的逐字翻譯，我用最清楚明瞭的英語保持希臘文的語序和時態。在舊的版本中，用的是拉丁譯文，無法再實現實際意義上的救世主，因為拉丁人沒有過去式，在《馬太福音》和《路加福音》中是有過去式。

第一不定過去式的強迫使用，對於我來說就是一個站立的命令，一個絕對和持續要做的。

斐然芬頓說，過去式是一個單獨的活動中表達完整動作的時態。所以我們看到根據耶穌寫的原始版本主禱文的前言，祂不想我們為未來禱告。相反，既然上帝已經在我們問祂的時候提供給我們了，我們的禱告應該對一個已經出現在我們的世界中的具有命令性質。芬頓說，禱告者應該具有站立命令的性質，「一項必須和持續要做的事情」。

所以，我們不是在哀求上帝給我們東西，這意味著祂成為了一個無遠見的父母，需要我們提醒祂的疏忽。上帝已經為每個人類提供他們想要的，個人的和集體的，所有的東西都是屬於我們的：「所有的神父擁有的東西都是我的。」耶穌說。

第十五章　信仰思維

✝ 第十五章　信仰思維

　　人們永遠看不到在他活動範圍的圈子外的東西,儘管他的能力可以對無限擴張具有感染力。他也找到了他自己的能力,並且將它培養成開放的,與宇宙相連的能力。他的意識走得越遠,他的視野就越開闊,知道他要被迫接受他不是正確的人選,在他身上出現了一些限制的東西,但是焦點是無限的思想。

　　這個想法本身包含在無窮無盡的可能性。這個可能性在人類的意識中形成一幅圖,就像在鏡子中那樣,就像授予他的力量,要將這些力量展示出來。

　　所以,人類是生靈中最重要的因素,他是神的個性化旨意。

　　因為有一個上帝,所以只可能有一個理想的人。每一個個體都集中在生命、智慧、愛,以及這個無限宇宙中的人 —— 耶穌。

　　我們從上帝中得到我們的物質,無論是自然的,精神的或者是身體的:「在祂的幫助下,我們生存,活動和成為人。」

　　我們作為個體的身分,是在祂的結合體屬性的基礎上形成的。我們是偉大的耶穌的遺囑,我們所有人都來自於祂,透過我們的意識意志,無論我們想要什麼。

　　所有個體曾經表達的或者想表達的,對於我們來說,都是開放的,因為只有一個源泉,而且我們都是平等地站在祂面前的。

音樂只有一個旋律，但是在交響樂和歌曲中卻又百萬個旋律，只有少數單獨的語調才適用這個旋律。這些音調是用筆記的形式表達，它們可能在旋律上，超出猜想的變奏曲，或者和變奏曲相似，在旋律上或者旋律下。

　　所以，我們每一個人都把注意力集中在人類的在這個旋律上的意識的結合 —— 智慧；在旋律上的，是精神；在旋律下的，是獸性。

　　主旋律的安排被作曲家看作是在製造協奏曲。同樣的道理，在人類身上。耶穌製造出和諧的人類 —— 耶穌基督。

　　我們把基督看作是人類，因為在我們的語言中，沒有單字可以表達存在的二位一體。希伯來人就是包含男人和女人屬性的統一體。

　　保羅說：「把這個在耶穌基督也有的靈魂嵌入你的思想中：以上帝的形式存在，依賴的不是與上帝的平等，而是一個要抓住的東西。」

　　這是擺在我們面前的一個問題。我們也想知道怎樣把在耶穌基督思想裡，也嵌入到我們的思想中。我們感覺到，我們一直不能用的力量，這種掙扎的力量，是因為在某些協調能力上的缺陷。

　　因為差異性，一個人可能在天賦上有所抑制；另一個人可

117

能因為過於自信而某些才能被放棄了。這說明我們的力量是服務於我們的。我們必須了解我們是什麼，我們必須在我們的力量上占據統治地位。

為了做到上面提到的，有很多種方法，但是大多數都是有限制的。這些方法從來都不在智力範圍之上，它們也從來不曾勇於闖進精神。這些方法大多是理論的，那些只是察覺到真理並寫下來，但是卻從未詳細地實踐過。

一個人，讓他的生命成為帶給耶穌力量的證明，這就是拿撒勒的耶穌。

祂發出的基督的教義，在外部，祂代表的是完美的人性 —— 耶穌。祂的信徒代表了所有人類在各種心情下尊敬的那部分力量，但是最終都將混雜在一個諧調旋律上 —— 完美的人。

為了讚美完美的力量，以及把他們與行為相結合，我們必須知道我們是什麼，身為人類的應該尊敬的地方。偉大的基督有十二種力量，代表著在歷史上十二信徒。所以，我們也有十二種力量來證明、實現和使用祂的理想。

其中，最重要的力量是原始的信仰思維能力。這個詞的具體寫法是「信仰思維能力」；這個詞的解釋中包含很多東西。我們的頭腦裡有很多思考的能力，我們把思想、好的、壞的、不同的東西都放進腦子裡。如果我們受到教育和以普通家庭模式

塑造我們，會活到平均壽命和從未有獨到的思想。在頭腦中的思考能力是有我們祖先間接的想法提供，在種族中有主導地位的信念，或者是乏味的普通社會旋轉，這不是信仰思維。信仰思維只有在抓住了存在的內在真理時才發生的，以及那些在他內心和愛的中心形成的印象能力。

信仰思維不僅僅是智力的過程，是有理由的。信仰思維者不從先知中對比、分析或者得出任何結論。他從來不考慮外在的東西，他也不礙於先知。他給出的想法沒有挑剔或問題的形式，直接來源於智慧的永恆的源泉。他知道，他的直覺撞擊了精神。

對於問題，「人們說的兒子究竟是誰？」那些提到不確定的猜疑的思想潮流回答道：「有些人說是約翰施洗者；有些人說，是以利亞；還有人說是耶利米或者是其中一個預言家。」

但是，耶穌並不是想要簡潔的看法，祂懇求那些有能力的人。祂說，「你們說我是誰？」彼得，作為代表者回答，「祢是基督，是永生神的兒子。」

接著，耶穌祝福他，「肉和血未曾透露指示你的，乃是我在天上的父。我也對你說，你是彼得，我要在這磐石上建立我的教會，地獄之門不可戰勝。」

人類的思考能力，能夠使人類成為一個自由的代理人，因

為那是在他的創造力裡，在這種能力中，人類建立了他的意識。透過這種能力的判斷力，他可以拒絕接受來自基督的思想；他能夠把自己從真理的範圍內斷裂開來，或者從解開糾結的結束和追逐的陰影的混沌的宇宙中分離開來。由此看來，這種能力是我們的意識必須建立在之上的根基。

　　一代又一代依賴，人類不斷地驗證思想能力，以感覺的幻象為能源，「每一個想像力的思想，他的心裡只有邪惡不斷」。在希伯來來詞典中把惡魔解釋成落水洞，意思是「沒有東西」。這樣人類就不以任何東西作為精神糧食，取而代之的是從上帝那裡得來真理。

　　由於缺乏思考能力，意識連線與本源的存在，人類已經達到一個非常低的狀態。耶穌就從拿撒勒來到，祂的使命就是連線思想者和思想的真正來源。隨意地思考人們可嘆的狀態，祂的拯救依靠於祂的意識再一次與基督連線。只有透過這連線，才能把祂帶回亞當的國度，上帝的教堂。

　　在黑暗的智力黑夜，思考能力看到了它本身更高的自己和愉悅的歡呼，「你的藝術是基督，上帝的兒子」，對音樂的精神感知的反應是，承認信仰作為基督教堂的根基。

　　在沒有連線思想者和真正思想來源的情況下，不管是個人或者是社會，嘗試去建立和諧的狀態是不可猜想的浪費時間精

力和努力的。

如果你沒有意識到你內心的精神中心，也沒有承認效忠於它，那麼你還在感覺的黑暗中飄動著。

你在允許你的思維能力從物質的混亂中拖曳出來（是它的食糧），你在遭受為你而存在的無序的世界的結果。不管是精神的，物理的或者是其他的，你都不要忘記所有出現在你生命裡的東西，因為他們曾經從你的思想中出現過。只有透過授權的力量，你才能夠把任何東西在你的腦海中形成印象。意識能夠使你上天堂或者下地獄。

有一些人，喪失了思維能力，他們不能控制自己的思想。所以，有些司機讓他們駛走了摩托車，但是，法律卻認為他們應該為破壞了摩托車，而承擔一定的責任，最後，他們發現，如果他們能夠集中精神駕駛，可能是最便宜的做法。

彼得，讓你的理解清醒吧，你不是信仰思考者。你是耶穌，彼得只是你十二種力量其中的一種。

在你漸漸明白這個道理時，你是一個木匠，你是在物質世界裡的一個建築師。彼得是一個漁夫，他從變化不穩定的海洋漸漸明白他的思想。

當你意識到你是靈魂，所有的事情都是源自靈魂實驗室的時候，你可以離開工匠的工作檯，出發去宣布這個已經揭示在

你面前的真理。你會發現你的工具，在這個新生的勞動領域，你是未經過訓練的能力。在這些能力中，彼得是你要帶進你統治領域的第一項能力，思想的能力。這思想的能力是與另外一項能力緊緊連繫在一起的，那就是你的力量（安德魯・彼得的兄弟）你對他們說，「跟我來，我要使你作為人的漁夫」。

「從那裡繼續」——那就是，當你訓練這些能力知道他們很順從，你會發現另外兩個力量：約翰（愛）和詹姆斯（公證）。他們都是兄弟，你可以同時稱呼他們。

在你的統治下，你有四種力量，他們都是耶穌的第一個信使，擁有這些力量，你就開始了精神的工作。

你知道你有這些力量去治癒那些「各種不同的疾病，和那些釋放出來的許多惡魔」，「貫穿整個加利利」去說教。

如今彼得站在天堂的入口，再也不是演講者，當你知道耶穌時，祂總是站在那裡；祂擁有「通往天堂王國的鑰匙」。這鑰匙是祂形成的思想，祂說出的話。祂是「思想的守門人」，自由地使用耶穌所說的力量：「無論你在地球如何綁上，同樣地也在天堂被綁上，在地球上如何寬鬆，在天堂也同樣寬鬆。」

你很容易地看到為什麼這個信仰思想者——彼得，是思想的根基，為什麼信仰是要保衛、指引和訓練的能力。他的話語在意識許多層面上運轉著，如果你不好好地守衛著，他就會讓

你成為他的奴隸。

那些讓他們的思維能力依附於地球上的事物的人，是對他們自由想法的限制或者「有約束力」或者「天堂」，因此他們成為了困難，物質的奴役，漸漸地被更高的渴望排除在外。

那些看起來像在堅信的環境中，並持續宣稱他們不是物質，而是精神上的，正在是「喪失」他們的理想或者「天堂」。那些環境必須歸於思考者的鳴謝，最終根據他們的話安排。

這在身體條件下尤為正確。如果你讓彼得說錯誤的思想意識卻當作是正確的，你會受他們束縛，甚至受罪，但是，如果，他說他們不是錯誤的，那麼他們就得到「解放」。

你會發現彼得力量是一個常規的風向標，直到信仰被基督完全辨認。他會以全部真誠，確認他是效忠於精神的，然後，在逆境中否認他曾經認識祂。

然而，這是在他的緩刑時期。當你訓練他看守基督的所有東西，在各種情況下，他會成為最忠誠的信仰的守衛者。

對你來說，必須要知道彼得占有的這種能力，在你意識中的重要地位。你是耶穌的遺願，直接的自我。在你生命中有許多問題，偉大的人類帶來那十二種力量。

這就是你的「教堂」。你是最高的即使，沒有年的開始，也沒有日的結束，也就是開始和結束，但是沒有教育你的權力你

不能做父親已經證明在你面前。你的思考能力是首先要被考慮的，這是你的思想的入口和出口。它總是積極、熱情、衝動，但並不總是明智的。它的本質是思考，它自己也會思考。如果你對你的辦公室忽視 —— 在大衛家的一個王子 —— 只是溫順地讓它想一些未經過篩濾的思想，你的思考能力將被證明是一個不守規矩的僕人和產生各種不和諧。

它的食糧就是想法 —— 在福音書裡是魚的象徵 —— 它是永遠的網羅，在右邊，在左邊，為了喝水。

只有你可以直接決定它的網撒向哪邊。你是他說的人，「把網往右邊撒」。正確的一邊永遠是真理的一邊，是力量的一邊。無論什麼時候，你是領導者，這些網充滿想法，因為你與無限的智慧倉庫接觸。

你必須接近彼得 —— 肯定他的忠誠和愛。你要經常測試他，跟他說，「你對我的愛有比這多嗎？」你想要他不分心。他也傾向於在徘徊。我們說我們是「恍神」，這是錯誤的。靈魂從來不會迷路。彼得才是在漫遊，他往許多方向看，他站在天堂的門邊，在你的和諧裡，同樣的門在它的外面有同樣的感覺。

彼得看似在裡面，也看似在外面。這是他的辦公場所，他在裡面外面都是可以的。但是，他必須要衡量兩者，做到平衡。在他的物質方面，看他在外面；要在認識基督之前，他才

能捕捉一整網的魚。

　　用你的眼睛盯住彼得。要他時時刻刻都遵守規則。教他一次又一次地確認。告訴他「西蒙，這是第三次，約翰的兒子，你愛我嗎？」他會說，「上帝，祢知道所有事情，那麼祢應該知道，我是愛祢的。」

　　這是一個很常見的抗議。我們經常聽到現代形而上學家說，集中精神不是必須的；唯一需要的是對精神真理的感知；那麼證明就會跟隨而來。耶穌在這個重點上教給了我們很多。祂知道彼得看起來像一本書，但是，儘管這種能力使多才多藝的，但是也會隨著他根基的變化，而不斷變化。在他的忠誠下，彼得抗議他要放下他的生命為耶穌奉獻，主說：「真的，真的，我對你說的，公雞不得烏鴉，除非你不認我。」

　　你要教會彼得專心，教會他要把注意力集中在真理上。只有透過他，你才能餵養你的羊（你的其他能力）讓他在他的座位上待著。當他沒有被穩定地指導著，他是那麼好奇的、衝動的、獨裁的。當他質疑你的統治時，嘗試命令其他力量，將他放回正道，「你那是什麼？你要聽我的話。」

　　笛卡兒說「我思故我在」。這就像耶穌所說的，「我是彼得，所以我存在」。就是我是在他自己的存在中迷失了自己。準確來說，這個說法的反面才是正確的，「我在，故我思」。

　　思考是自我的一個能力，我們每個人心中的無所不能的我。在腦海裡，這是一個過程，在腦海中的一個公式，在我們的控制之下。

　　這個我並不會思考除非它想這樣做。當你可以把這個我從其他思考能力中分離開來，那麼你可以停止其他所有思想活動。知道這一點，那麼耶穌就在你。

　　不要再是思維能力的奴隸。你要命令它，站在你本身的中間說，「我和神父是一體的」，「我的內心是忠誠和溫順的」，「在天堂和地球的權利都賜予我了」，「我就是我，出來我沒有任何東西」。

第十六章　神聖生命的撥款

上帝就是生命，哪裡有生命的脈動，哪裡就有上帝。人類雖不能產生或者奪取生命，但是，只要他不想活了或者以殘殺人類或者動物為收入，那麼他會憎恨生命。那些想要抓住永恆生命的人，一定要尋找各種維持生命的方式。

我們都有生命，是上帝的永恆的生命，但是如果我們沒有意識到，永恆就不會在我們身上實現。那些已經得到永生的人，就像耶穌那樣，一定要他成為無處不在的生命，並且使他身體成為不朽的生命。這是永生的內在祕密。

只要人透過死亡失去他的身體，他將懷疑現實的永恆的生命。永恆的生命意味著要永遠意識生活的豐滿。在上帝的信念中，生命可以離開身體，人類可以證明祂並不是在永恆生命的意識中。在理論上，祂可以認為生命是無處不在的，對祂來說，有太多的理由讓祂不離開自己的生命，但結果是祂讓生命偷偷地溜走了。為了迎合生命可以短暫地離開的想法，會奪去人類的永恆生命的意識。

補救辦法是：抓住永恆的生命。在每一個生物升上都有生命的指南針，特別是在你自己的身體內。承認生命永遠地存在於器官裡。抹掉那些消磨你的器官的生活方式。每一天，強盜都在你身體裡偷取你的生命，它們是激情和欲望的私欲。堅決地把它們趕走，用你現在的思想給生活避難和為克服付出代價。

上帝是生命，那些尊崇祂的人，一定要尊崇祂生命的意識，也就是聖靈。當我從這方面膜拜祂的時候，我馬上得到動力。為了建立真正的，永恆的生命意識，我必須觸碰到生命流的最深處，除此之外，別無他法。

　　要意識到生命的存在，第一步要做的是，知道上帝就是生命，充足的，無處不在的，永恆的；第二步就是積極地連繫上帝的生命，透過宣稱與上帝生命的合一。

　　在我的身體裡，產生純淨的生命。這個中心是生命之源的噴泉。當主注入神靈的信仰，這個生命的源泉，生命之水就得以自由和純淨。

　　透過穩定地繼續把基督純淨的，親切的和彌補的生命思想，拒絕允許其他思想停留在宇宙生命流的意識中，那麼我就能適當增加生命的力量，我身體的每一個細胞都將充滿神聖的精神。

　　進入精神中只有自我的思想領域。當你接觸到真正的我，他將會改變你思想和生命的程序。你是上帝的生命的後代，在生活中，你的生存，移動還有你的存在。

　　在聖經中，美好生命和美好物質被稱作「上帝的羔羊」。這個短語代表著羔羊的純潔，天真和樸實。它的本質是使活躍與永恆的它觸及到生活的一切。

上帝的純淨生活透過靈性的身體流入人的意識。這就是「生命泉的泉水，像水晶般透澈，從上帝和他的羔羊中繼續流出。」在《啟示錄》第二十二章中提到。

耶穌出來澄清了，「我就是路，我就是真理，我就是生命」；「我來了，他們才可能有生命，而且更豐盛」；「我是生命中的麵包，從天堂中落下來，所以人要吃，不吃就會死」。

整個種族在呻吟，等待著救贖自己的身體。耶穌賜給我們唯一的拯救方法，那就是把偉大的我與我們的意識合為一體。「我就是轉世重生的生命」。你堅決要做，因為你是主，所有你存在的生命力量。不要去別處找幫助，你不會在你意識外找到的。上帝的力量必須與你的意識同在，你要知道祂是如何運作和怎樣使用的。你必須透過思考，把真理運用到你身體的每一個部分。這並不困難，只需要專心和堅持，身體需要精神的滋潤，因為它執行了出意識思考意外的一系列行為。如果在我身體裡有一座屬於我的寺廟，我一定要知道它裡面到底什麼在運作。

生命力和復活的提升都具有重要意義。一個人，發現存在的真理，在意識裡得到提升，重生就會每天地從舊的潛意識中的消極的想法進入積極的想法中。

身體是靈魂的產物。與身體交流，不要當作是低噪音或者

物質。在研究大腦的過程中，把身體看作是思想的產物，並承認它是純淨，神聖的和純粹的。

生命之源是精神的能源。它比電力或者人類的磁力都要好用和深厚。它由思想組成，一個人可以透過心理與它結成聯盟，從而開啟它。

更高階的生活就是更高的思想層次。它以上帝的靈魂存在，當你意識到「我是上帝的兒子」時你會知道生命。你透過表演神聖的生活理念把這種生活呈現出來。永恆生命的意識把一個人放在生命之泉永不衰退的高位。

透過不斷重複和持續在腦海中肯定，唯一純潔的上帝物質是無處不在的，那麼我們就能改變生物電流，直到生命不腐敗為止。

第十七章　上帝自始至終在你身邊

當我們唱，「我將跟上帝走一路」，但是我們卻不曾從我們的話中實現有力的入口。耶穌從人類發展到神聖，祂去往不朽的方向。祂不僅提升了祂自己從絕望和無助到肯定和自信的意識，而且還持續地幫助親愛的神父上帝，但是祂想讓所有種族都走在這道上。

事實上，在我們的種族思想中，祂所發起的革命思想，沒有人跟著耶穌。許多虔誠的，真誠的人試圖這樣做，但是耶穌還是可以理解他們的，以及他們模仿祂的救贖工作。

在首要的地方，我們還沒有明白到我們在錯誤和邪惡中束縛的深度，也沒有知道在是否允許繼續犯下錯誤巨大的後果。但是耶穌知道人類思想是如何在自己錯誤的思想中扭曲的，以及帶來補救之外的黑暗和淒涼，除非美好的理解之光在意識中得到解放。耶穌知道怎樣豐潤這種內在的光亮，那是透過祂自身的偉大的光明，以及祂怎樣得到同樣的精神光芒。在無知、迷信和迫害的臉上，祂大膽地說道：「我是世界之光。」「你也是世界之光。」「儘管這樣，讓你的光芒照耀整個人類；他們就能看到你勤奮的工作，並且讚美你在天堂的神父。」

為了明白耶穌的經驗如何在人類的精神上起的束縛作用和其重要性，我們應該更熟悉和我們自己的真實性格和祂的關係，因為許多關於祂的精神的闡述，都是來自於祂的追隨者，那麼祂自己一定對真理掌握一定的依據。

耶穌擁有遠遠超出人類生活在地球上的偉大元素，而這也被宗教和現實世界普遍接受。一些基督信徒聲稱耶穌是直接從天堂而來的，祂是上帝的化身。而其他基督信徒僅僅把祂看作是神聖靈魂設計的人類的填充。這些觀點都沒有符合被認為與耶穌生活的時間相連繫的，無根據和邏輯的理由。

如果耶穌是神和擁有所有的權利，為什麼它會在客西馬尼園受盡痛苦，並請求祂父親的幫助呢？如果祂是一個純粹的人，一個代表我的種族的人，為什麼祂聲稱是一個存在的前提和優越耶穌的化身的？「現在，我的父親，讚美我和你的曾經在世界中出現的榮耀吧。」「在亞伯拉罕出生之前的我。」

祂聲稱整個人類種族是祂的「群眾」，並且與祂自己養的羊相比較：

我是一個很好的牧羊人；我知道我是我，我自己也是我，甚至知道父親了解我，我也了解父親；我為羊捨命。其他羊也有我，不過不是在這個羊欄裡：我要看管好牠們，牠們也聽到我的聲音；牠們也可能成為群眾，一個牧羊人。因此，父親是愛我的，因為我捨棄了我的生命，不過我也可以再次重獲新生。沒有人能夠從我身上拿走我的姓名，但是我自己卻能夠捨棄生命。我有力量把生命放下，也有力量再撿起來。這是從我父親那裡得來的。

但是他們卻不明白。「因為這些話，在猶太人中又出現了一部。他們說，上帝有一個惡魔，它有病；為什麼要聽它的話？其他人說，這些人不值得擁有一個惡魔。惡魔能夠使盲人再次睜開雙眼嗎？」

在耶穌年代的人類不明白，耶穌所說的，一個看似普通的人怎麼可能是人類新的種族呢？所以，當他說出這個斷言的時候，人們都認為祂是瘋子。在我們的年代，我們也不是十分清楚地明白，一個男人和一個女人是怎樣增加他們數量的。這是一個神聖的謎。

在《約翰福音》第一章寫道：「祂在這個世界上，世界是透過祂創造出來的，但是世界卻不知道祂。祂自己來到這個地方，但是他們卻不接待祂。」

事實上是，耶穌與人類家庭的關係是超出了我們目前智力所能夠理解的範圍的。

為了明白耶穌的重要地位，我們需要對宇宙有一個形象化的認識，這個我們住的，已經在過去的幾十億年裡存在的宇宙，已經圓滿完成它演化高階人類的使命，並帶著創造力量離開。耶穌是那古老生物之一 —— 上帝人類。引領人類挖掘潛在的上帝是祂的使命，然後把他們處在像上帝長大和生活的地方裡面生長，就像祂，上帝的兒子。保羅說「我們都是祂的後代」。

我們的種族演化史開始於亞當和夏娃在伊甸園的語言。耶和華是基督，是祂將人類從土地的塵埃中形成的，用祂的鼻孔呼吸生命的脈搏。

　　當亞當種族演化到一定高度，他們有了自己個人意志力，他們開始獨立地思考和行動，而不依靠於耶和華或者基督的靈魂。那麼，感覺意識開始生效，身體也就感覺到物質化了。

　　接著是整個人類退化。失去了吸引唯一生命來源的能力，使人類陷入失血狀態。他們的身體開始變得四分五裂，死亡也就出現了。然後，撒旦，感覺的靈魂，開始統治，罪孽在拖具上。人們像羔羊，已經迷路了，他們在寬廣無垠的感覺中迷失了自己的道路；他們在種族滅絕中痛苦掙扎。新生命即將要誕生，一股血液的灌輸是必要的。基督開始一系列的肉體的化身，開始並借宿於耶穌的化身。

　　為什麼萬能的上帝要藉助法律的漏洞來實現生物的結束呢？我們的回答是，除了法律，沒有任何證據證明，在自然界中，能夠實現的。正如人類創造了大陸法系，並用懲罰來加固，甚至死亡，所以人們形成了生和死的法律，疾病和殘疾的法律，維持生命存在的事物的法律，除了物質之外，沒有其他意識認知的來源的法律。

　　整個種族法律，形成了與創造思維分離和獨立開來的種族

意識，當靈魂要透過精神求救於人類是，肉體的靈魂就會反對，並用自己的方法全力解決這個問題。

因為人類的自私和貪婪，肉體的方式總是無效的和災難性的。

因此，基督，我們的父親，很有必要親近我們的身體和靈魂的意識，然後灌輸一些新的生命流。所以基督自己，在舊約中的耶和華，是耶穌的人體化，是上帝，引起了我們注意力在精神上和身體上的最原始生命的繁榮的。因此，基督以耶穌的名義宣布，「我來了，他們才有生命，並且繁榮地生長」。

現代科學家解釋道，組成分子、細胞和組織的原子，是由帶電單位組成的，這些單位包含著傳遞生命給所有生物的元素；我們身體的細胞都是透過這些原子提供能量的；蒼天充滿所有的都是這種生命的電流。但是科學家並沒有說這種無處不在的能量是神聖的生命，也沒有承認它是透過靈魂或者是神來活動的。不過，精神洞察力揭示了，只有一個生命和一個智慧貫穿人類和宇宙，那就是哪裡有生命，哪裡就有存在。結果是，生命的原子就是有生命的上帝，根據我們對精神的開放度來衡量我們對上帝的認知。

如果我們提升了靈魂對精神的認知，我們能夠看到並且感覺得到在我們身體裡的原子中間的力量。所有精神的概念都源自意志，並且在身體裡轉換成原子。這裡，我們存在基督生命和種族生命的連繫點。這也解釋了我們身為人，為什麼不再接

受來自我們父母的能量流。就像浪子，我們要去一個遠離我們父親的國家，在那裡有饑荒。我們都渴望得到神聖的東西，我們得到的甚至是豬的皮，卻不滿足。

因為在存在的意志和種族的感覺意志的分歧，沒有生命流的可能。所以，透過耶穌提供祂的身體和電流的轉化作為基督轉世。在祂身體內的原子單元被切斷了，在生命點上播種，並在我們的靈魂和身體照耀，最終，每個人在基督信仰中集中祂的思想，那麼祂將會吸引稱為精神磁鐵的東西或者祂身體的原子。這些基督的原子，被個體占用，成為了食物，和被適當使用的人變成一個新生命的原子的核。

正如在《馬太福音》第二十六章中描述的，在最後的晚餐中，這種為祂的子民的重生而丟擲祂的生命和身體，是為了把麵包和酒作為象徵的承諾。「當他們正在用餐，耶穌拿起麵包，並且在禱告，然後祂把麵包給祂的信徒，說你吃吧，拿著；這是我的身體。然後祂拿起一杯酒，然後施恩，給了他們，說，把這喝了吧，這是契約中我的血液，這是為寬恕原罪而流的。」

耶穌就這樣把祂的生命和身體物質作為一種血液奉獻給一個正要滅亡的民族，在客西馬尼園的垂死掙扎，是兆個組成祂身體器官的生命電子、質子、原子、分子和細胞，想要扭曲中心自我扭曲的意圖。就這樣，基督身體的生命元素播種在我們種族意識的土壤中，把這些細小的元素吸收和占用到我們的身

體和靈魂中是我們的權利。

耶穌基督的身體是不會受制於永恆的瓦解和死亡的；在上帝創造生命的過程中，它必須成為我們贖回的身體中的一部分，恢復到它的本源，基督。正如祂所說的，「我的父親愛我，因為我能夠捨棄生命，又能夠把它重新撿起來。」

在這裡，我們也能夠知道這個謎，透過耶穌的血液能夠實現拯救人類的願望。這個不是傳奇或者是個人犧牲，而是，從一個父親到他的兒子的透過生命的轉化，而出現種族演化的危機的會合。理解這種意義上的科學現實，能夠使我們每一個人在逃離疾病和困難中都能夠獲得更多的能量，並且確保我們最終都能夠被拯救。「你要禱告，否則進入迷惑，」芬頓解釋道，「你要禱告，因為害怕磨練把你消磨掉。」同樣的思想也在主的禱告中出現，在金詹姆斯版本中提到「不要把我們誤讀成誘惑」，但是根據官方解釋，應該是「你不會把我們引入歧途的，也不會把我們帶入煩惱中」，請求用力量戰勝困難。

保羅在新約聖經中生動地寫道：「終於，兄弟姐妹們，任何事情都是真的，一切東西都是值得尊敬的，任何事情都是正義的，一切東西都是純粹的，可愛的，任何事物都有好的報告；如果有任何美德，如果有任何讚美，請認為他們都是在說這些事情。」

四旬齋

四旬齋

　　四旬齋這個詞是來自於盎格魯－撒克遜語，意為春天，這個詞是從一個意思為加長的動詞中分離出來的。四旬齋來自於春天的白天時間明顯加長的時候。

　　儘管並不總是四十天那麼長，自救世主後的第一個世紀起，這個戒齋、禱告和贖罪的年度季節一直被天主教會所遵循。在摩西和以利亞的例子後，在當今時代它總是維持在四十天，紀念耶穌在荒野所度過的戒齋和禱告的四十天。

　　四旬齋的第一天叫聖灰星期三，來自於早期教會所流行的在四旬齋，第一天在懺悔者頭上灑骨灰，象徵著悔改。

　　聖灰星期三是在復活節前 46 天，四旬齋中有 6 個週日，它們不算在四旬齋裡面，因為在天主教會中週日經常是一個節日。從聖灰星期三開始的 40 個工作日組成了四旬齋。

　　四旬齋的第五個週日被稱為耶穌受難日，因為它象徵著耶穌受難節的開始，即四旬齋的最後兩個星期。這兩週特別紀念了耶穌的受難記，或是祂在最後的晚餐之後的經歷。

　　四旬齋的最後一週叫聖週，包括聖枝主日、濯足節和耶穌受難日。

　　聖枝主日是復活節前的週日，紀念耶穌進入耶路撒冷時人們在祂經過的路上散滿棕櫚枝。

　　濯足節是復活節前的星期四，是一個拉丁語 *mandati*，意思

是「授權」並引用於「這就是我的紀念」，耶穌在最後的晚餐關於撕開麵包和喝酒時所說的話。濯足節紀念了最後的晚餐。

耶穌受難日在復活節前的星期五，可能最初被稱為神的星期五，紀念了耶穌的苦難。

復活節，當然是為了紀念復活。復活這個詞源於盎格魯－撒克遜語依絲雀，是春天女神的名字，祂的榮耀節日是在每年四月慶祝。復活節經常是在 3 月 21 日或之後的滿月後的第一個星期日出現。如果滿月出現在星期天，那下個星期日就是復活節。復活節不會在 3 月 22 日前或晚於 4 月 25 日出現。

四旬齋是心靈成長的季節，是展現進步的時刻。當我們與神的旨意結合在一起時，上帝讚美我們，並將我們提升到一個更高階，更純粹，更精神狀態的路就開啟了。

「哪有一個或兩個聚集在我的名字裡時，那就有我在他們中間。」耶穌說。各地的團結的學生每年被邀請參加我們四旬齋計畫。基督在我們之中，如我們星球的神，如一個偉大的教師。把所有負擔都放在上帝那，進入四旬齋季節期待確切的結果。

齋戒意為節制。戰勝的是人的意識。四十天齋戒是一種全方位感官需求的節制。在齋戒中，我們作為形而上學者戒除錯誤的思想和冥思精神真相直到我們把它和神父結合到統一的思想。

四旬齋

　　優於他人的渴望存在所有人之中。這是聖靈的靈感，會從地球敦促我們直到天堂。它將在正確的方向上被鼓勵和發展。

　　日子一天一天過去，當我們不斷堅持我們堅定的決心去跟隨四旬齋季節大致步驟時，我們發現我們正在堅實的基礎上建設著，並有了更高的覺悟。我們知道了基督確實在我們身邊，他的光明，生命和歡樂在我們之中。

自制

　　第 1 天，聖灰星期三，讀《馬太福音》5:1-16。

　　聖灰星期三是四旬齋的第一天，也是所謂的來自於灰燼的儀式。灰燼象徵著懺悔。

　　施洗者約翰來了，說：「你們應當悔改，因為天堂之國就在眼前」。懺悔就是自制；是一個放棄並應該靜靜形成的。因此，我否認舊的錯誤思想意識，就好像我溫柔地掃除蜘蛛網，我讚美積極和勇敢就如我是上帝的孩子，我繼承於祂。

　　當我跟隨這些規則，我發現我正放開舊的人類信仰，內在的神聖之火燃燒得越來越高。它純白色的光用一種讓人愉悅的智慧精神，尊貴和平靜來充滿我周圍。我意識到越來越多正義思想的法律正帶我進入到一個我完美掌控的覺悟。

基督在衝突和爭論中消除信仰並不難。如果瑣碎的爭吵，嫉妒，無情的思想出現在我的生活中，我透過產生於沒有任何錯誤自身能有任何力量或現實意義的覺悟平靜但積極的否認而戰勝了它們。我離棄否定的信仰，我的思想改變了。我去掉我有限的思想，即那些一直是有害的和黑暗的我的理解。我打破人類思想並上升到精神領域，即天堂之國。

在神聖之愛的精神中我證實：「忘記那些背後的事情，我發現我是強壯的，積極的，有力量的，智慧的，友愛的，無畏的，自由思想。我是上帝的完美孩子。」

證實

第 2 天，星期四，讀《路加福音》7:117。

科學精神是在根據普遍法則操作的神聖中做出真理的有序學習。一個證實是一個真理的積極和有序的說明。透過證實，我們宣稱和感激那些我們所擁有的東西。

這個詞是神聖思想的工作力量。一個人將永遠不會被打敗，如果在他需要的時刻。他透過基督和代表祂，懇求他的幫助而積極的肯定了全能的上帝思想。

身為上帝之子我宣稱我現在正進入到基督完美的覺悟中。

這本身是一個我所能做的最高的肯定。耶穌透過使用祂口頭的語言而使祂自己進入到這個最高的存在狀態。祂不斷做出最準確的證實如「我和神父是一體的」、「所有的權威都在天堂和人間一直賜予我」我和耶穌共同繼承無限美好王國，我透過堅實地使用我口頭語言宣稱我天堂般的美好。

信仰是許多證實的結果。每個證實都幫助建造一個實質的，穩固的，堅定狀態的思維，因為在覺悟中建立了真理。

日子一天一天過去，當我重複並勇敢的生活在真理的證實中時，我逐漸知道我正在用深深存在的沉默力量來開啟智力交流的管道。思想和語言從這裡流出，我認識到整個力量的新來源在我這裡發展。

我證實：「透過耶穌和基督，我認識到我神之子的身分，我轉變成他的形象和樣子」。

上帝

第 3 天，星期五，讀約翰 15:116。

「上帝是靈魂：那些崇拜祂的人必須在精神和真誠上崇拜」。我們不用肉眼看上帝，除了當祂用祂的作為來證明自己。祂的特徵是那些身為祂孩子和那些在本質上像祂的人由此來表現

的。耶穌因為像上帝所以祂是上帝的真實表現。如果我們可以證實那些神聖的特徵，我們就必須尋獲覺悟和那些描述耶穌特徵的理解。如果我們可以讓自己透過那些上帝可以直接表達和顯示的管道，則我們必須努力提升我們的思想和感覺直到能夠企及上帝的高度。

上帝超然暗示了神就如以上所說並超越了祂的創造物。神的這個想法就如遠離人的實事和經驗一樣是錯誤的。上帝（完美）並不是不能觸及他的子孫後代，也不是凌駕他們之上。丁尼生告訴我們說：「祂比呼吸更近，也比手腳更近。」

我在上帝的心中因為我專注於祂的想法和理想。聖靈思想是上帝在行動上的語言，引導我形成我神聖名分的意識並繼承。我所繼承的是執行力、富給、忠誠、歡樂、所有好的東西。「我是祢的一部分，也是祢的繼承者」。

以耶穌基督之名我證實：「上帝在完美肉身的完美計畫是有效的，我就是完整之作。」

我

第 4 天，星期六讀約翰 10:118。

我是神父之子，我繼承於祂。「我」就是基督在我之中，真

實的精神狀態，那個由上帝以祂的形象而製成的。透過「我」
（基督），我連線了神父，精神，生活，智慧，愛，和平，優
勢，力量和真理。

「我」就是那扇透過無形而直接形成我思想之門，同時使我
得到精神實質之門。

那個「我」在天堂有它的存在狀態；它的家在上帝理想的範
圍內。我把我的「我」勾在了上帝的星星上，並在白天和夜晚中
有著無限的歡樂。

「我」總是向我保證力量優勢是在精神事物上的。害怕把灰
塵扔向某一人的眼睛裡，並隱藏了一個人經常會有的強大精神
力量。我否認無知和恐懼，證實「我」的實質和力量。「我」就是
「我」，「我」把我送到你身邊。

我意識到精神特徵就是存在的堅實基礎。就如我在神性思
維裡建築我的意識，我發現我就在地球上的天堂裡。我放棄小
我，完成大我。「不是我的意願，但你的被完成了」。「我」就是
在最高階的意願。這個意願可能會被說成是人類，因為這是被
稱為個體所做的決定特徵形式的直接力量。

我大膽證實：「我是神之子，我與耶穌共同繼承永恆的生
命，智慧，愛，和平，物質，優勢和力量。」

祭壇

第 1 天，星期天，讀《馬太福音》5:21-26。

聖壇代表了一個固定而確定的人類意識的中心。它是一個我們可以與神面對面，樂意放棄我們的罪惡，為更高的放棄更低的，為非人的放棄個人的，為神聖而放棄獸性的地方。

聖壇，在《啟示錄》11:1 中被提及，代表著在崇敬的廟宇中發生奉獻身體所有的意識。「把你的身體製造成一個活的祭品，神聖的，讓上帝得以接受的，這就是你的精神服務。」

未知神的聖壇是一種欲知未解精神的渴望，是一個到達內心之外的對來源更全面的認識。

祈禱並不能改變上帝，它改變了我們。真誠的渴望形成了祈禱。深沉的渴望對精神成長很重要。它是渴望 —— 真誠的和強烈的 —— 讓整個狀態提升到一個死亡和短暫歡樂之外到感激和獲得真實的精神祝福的力量。這是一種展示，在一個人的身體和事物中證實真理法則。當它的實現是透過一個人對神的創造原則在思想統一，語言和動作被帶出的理想表現。

跪在聖壇上，我帶著真理的陳述，在心中緊緊堅持，直到我得到我的理解，滿足了我心的邏輯，那裡有靈魂意識的提升和擴充套件。

在這個結尾我證實:「這不是我,『但永遠在我心裡的神父完成了他的工作』。」

伊甸園

第 5 天,星期一,讀約翰 14:1-12。

人的身體是那個上帝給他保管的伊甸園的外在表達。人類在地球意識中最基本的工作是在祂的世界使用祂的創造才能去維持協調和秩序,並維護祂神聖方向的力量。

伊甸園代表了一個在提供所有產生美麗的基本概念之內的存在地區。在對人類的處置中,它代表了基本的生活和放置在人類掌控中的智力,透過祂去發展心靈和靈性的軀體。

伊甸園是當人類在原始神聖思維模式之後帶來前衛思想時所居住的靈性軀體。那個花園就是上帝的實體。

上帝給人類最好的禮物就是思想的力量,表現在人可以把祂的意識結合到上帝的心智中。

神奇的伊甸園中有 12 道門。這些門就是心的 12 部分:信仰、優勢、智慧、愛、力量、想像力、理解力、意願、法律或命令、熱誠、放棄、生活。每個部分都加速了心的行動力,就像在祈禱中一樣,會變得純潔,因此聖城開啟了那絕對的核心。

我證實：「我的軀體是上帝的廟宇，乾淨、純潔、純粹、完美。讚美上帝！」

信仰

第 6 天，星期二，讀《希伯來書》11:1-12。

信仰是連線了能形成物質的力量的心的感知力量。這是精神上的保證，是看上去不可能做的力量。這是一種力量，吸引我們恰恰在無形精神實質之外的心靈渴望。這是所尋找的已經為我們所持有的深沉的內在認知，即「所希望保證的事情」。

信仰在精神實質上的工作能完成所有的事情。這是可以與創造的法律合作的信仰。在精神意識的練習中，它發現它的歸宿，並在沒有變化或失望的情況下帶來看起來是奇蹟的結果。

現實中，信仰在人的腦海中的精神上發展了信仰。當用信仰點亮了心靈之眼時，它形成了盤旋在頭上像光圈一樣的光芒，並在遍布整個軀體中逐級延伸。「當你只有一個眼睛時，整個軀體仍然充滿光芒」。

早期畫家所畫的盤旋在在聖人頭上的光圈不是想像的，而是真的。這種信仰的光芒能覆蓋人類的所有部分，使他能夠掌握在精神意識中心的所有能力。

我意識到我無形的信仰正在我的心靈和軀體中建造一個真實的永恆物質。當在我心中肥沃的土地上種植時，精神思維成長得非常快，我寺廟般的軀體也相應改變。

我證實：「基督激發了我更為豐富多彩的生活，我得到了激勵，我擁有了信仰。我被提升並治癒了。」

優勢

第 7 天，星期三，讀《馬太福音》4:1-11。

優勢是遠離弱勢之外的，穩定的性格，抵制誘惑的力量。這是能實現的力量或勢力，能力。「耶和華之名是堅固的塔，正義的人一旦進入就會安全了。」優勢源於精神，這個思想和在精神上表達的字詞帶來所顯示的事物。

耶穌是偉大的教師。祂是那種我努力去追尋，不僅在精神文化和心靈文化上，而且在身體上。透過忠誠的學習和使用耶穌的方法，我正帶來我所能有的最好的一面。

透過基督，人的心靈和軀體上能使用在不同意識層面上的優勢的力量。我肯定我在思想和心靈深處是穩定和強壯的，所以我在靈魂和軀體中建立著優勢。我拒絕讓弱勢思想進入我的意識，但經常會忘了忽略建議和肯定我自己去做一個內外都有

優勢的塔。

更高的優勢就如耶穌所展示的一樣可以被一個相信精神和維持他重要的實質的人所擁有。精神優勢對不朽靈魂和軀體和對戰勝死亡來說是至關重要的。

當我越來越放鬆和鼓舞我的意識去與始終存在的完美的神相一致時，我精力充沛和恢復穩定的力量。沒有傷害會降臨到我身上。我是由強大的聖靈所製成的。

我證實：「主的歡樂是我的源泉，我由神聖的優勢所建立。」

智慧

第 8 天，星期四，讀《馬太福音》7:1-12。

智慧是聖靈。一個可以在任何時候都閃爍理解之光的人，但至高的光清晰的且堅定的照在我們身上，當我們對最高的忠告變得服從和接受時。基督經常會聆聽「內心之音」，當祂在最謙卑的人之中繼續謙恭和低下的工作時會服從於它。

靈性識別總是把智慧放置在心的其他部分之上。它是純粹的先知，並由內心之光所點燃而來。「智慧首先來自於純潔，然後才是平靜」。

這個意義是我所說的行動的正確審判，我可能會發現我對

權力的標準和經歷快速變化的錯誤，但如果我堅持持有主是我最好的引導的這個想法時，我應該會被引導到所有正確的道路上。

當我居住在這個無所不知的部分裡面時，我變成基督意識之光，照耀我心，而且我整個人都被啟發了。我的思想透過他們對聖靈意識的關係而加快了。我流向新的生活，那個在分離地球洋流之上的舉起我機體的河流；因此我並不是隻是補償我的心，而且是使肉體遠離腐爛的人。

靈性的了解揭示了使軀體從死亡中復活的並不只是耶穌，同時也是所有理解真理和求如耶穌之所求的所有人。

意識到我對更高的自我是清醒的，我證實：「我心中的基督是我的榮耀，祂存在的光芒消除了所有的黑暗，我被生活和光所充滿了。」

愛

第 9 天，星期 5，讀《約翰福音》4:7-21。

愛，在神聖思維中，是一直是一個普遍的想法。在表達上，這是一種力量，可以連線宇宙和所有的事情。愛是一種協調，能組成力量。當它在意識上行動時，它維持實質，重現，

重建，使人恢復他自己和他的世界。

當我把我的心和神父的愛心完美的結合在一起的時候，我意識到永恆美好和歡樂的精華是超越表現的。連結點就是願意且自己尋求。「尋找，就會發現；敲一下，則它就會向你開啟。」

愛是非常強大的力量，是上帝透過所有人類所表達的神性，是不能被所有外在的壓力所抑制的。我現在很肯定的宣布它透過我來表達，沒有什麼環境，也沒有什麼外在情況可以阻止它。世界上任何無愛心的情況對我在愛的使用上是禁止的；事實上，這是一種激勵。

我並不害怕去把我的愛傾倒給所有所謂世上的惡魔。我否認惡魔的存在，並證實無所不能的愛和所有好的部分。

愛這個字戰勝了討厭、抵抗、反對、固執、怒火、嫉妒，和所有其他錯誤的情況，當有心理或身體摩擦時。如神聖的愛進入到思維過程時，我身體的每個細胞都是很平穩，安定，在如稱重一樣有正確的數學方法和相關距離。

我在安靜且自信情況下證實：「上帝在祂的愛中，用新生活充滿我。在祂名義之下，我被清潔、加強和治癒。」

力量

第 10 天，星期六，讀《路加福音》4:31-44。

人可以透過他固有的力量去控制他的思想和感覺。一個迅速從天上來的行動必須先實現他的統治。「當聖靈向你走來的時候，你必須有力量」。

人是上帝在行動時的力量。控制思想的力量是祂給人最崇高的禮物。宇宙和創造的壓力促使人向前去認識所創造的個體思維的力量。

耶和華（基督）這個詞是被遠高於魂的力量和超過其他任何人類語言所掌控的。

這個在喉嚨中央的力量是在聲音的震動和表達中在無形和有形世界之間所開啟的門。當聲音和靈魂的生活合併在一起時，它就有了芳香和一個人可以感覺和記憶的深度。但更香的和更深刻的仍然是那個可以與聖靈聯合，和耶穌說話的人的聲音，「天上地下都應該廢棄，但我的話不能被廢棄」。

我培養了一個讓每個人都有愛的態度，我的聲音是豐富的，溫暖的，和柔和的。當我祈禱和認識到精神統治時，我感覺重要性和精神充沛，我的聲音是強壯的，有活力的和智慧的。透過這些震動我感覺與更高層次的自我所聯合的力量比其

他方法更重要。「所有力量都在天堂（心）和地上（軀體）中給了我。」

以神之名我證實：「透過加強基督的力量，我生活中的所有事情都變成了行動，我能統治我的思維和感覺。」

想像力

第 2 天，星期天，讀《使徒行傳》10:935。

想像力是心可以想像和有形化的那部分。顯示出來的每件事都首先是心中的畫面，然後透過這個有形化的力量而被帶出來。人累積了一堆關於物質和生活的想法，透過想像力，他使之成型。

那些向聖靈尋求引導的人發現它的指導是給那些相信基督的人的，指令是使所有在摩西如《出埃及記》25:40 中一樣在山上所顯示的方式之後所做的所有事情。

真理精神在心中所想像的畫面，正確地理解，將會給一個對所有相信無處不在之心的人確定的引導。想像力會帶出任何想法或安置「我」所反映的想法，因此理論是不被信任的。必須要有證據。這是被世界的工作力量所完成的。

透過我的想像力，我得出所持有的完美想法和用物質的外

衣包裝他們的結論。我的軀體是我心的產物。在我與上帝連繫的過程中，我心的想像力正起著非常重要的作用。它接受到神聖的想法，在夢中和在視覺中反映他們在意識上的特徵。根據聖經，天堂開啟，並看見「神的使者在人之子中上上下下的出現。」

在聖靈的想像力中，我證實：「在聖靈的平靜和自信中，我看自己就如上帝看我，祂的完美形象。」

理解

第 11 天，星期一，讀路加 2:40:52。

靈性的理解是心能理解，認識思想發展，一個接一個的思維連線的能力。這是透過我們理解上帝和自己的事。

理解揭示了愛和智慧必須一起發生作用，力量應該被愛所表示，熱情應該為智慧所調和。

智力上的理解首先來源於靈魂的發展，隨後是對原則更深層次的理解，直到整個人都變得成熟。

那些透過世界的力量在真理中被教育的人，將會最終達到一個由聖靈組成的真實之光將照射在他們身上的地方，他們將會用靈性的理解去看，並證實神聖基督的真實性。

我意識到上帝是最高處的認知。全面理解我的就是理解；它知道並與智慧比較。它的比較並不是由形式上的領域所形成，而在在理想的領域。我的理解是知道怎麼去把事情完成。我在任何時候都要求我的基督理解。

　　如果任性的凡人試著去取代，我輕輕的為靈性的理解去否定它，有力而且肯定的。我一直持有主的絕對自由。上帝就是一個原則；我們都自由的使用上帝就如我們自由的使用數學或音樂的原則一樣。原則是永不干涉的，但如果它是被正確地要求，我就必須培養理解。

　　我證實：「我的神聖的理解與聖靈連線在一起，我一直知道做什麼。」

意願

　　第 12 天，星期二，讀《約翰福音》1:1-18。

　　意願是心的執行力量。耶穌的戒律教導著神父的意願。那些持有他們的人因此而與上帝的意願同在。

　　透過做善事和屈服於精神，心的各個部分是很有可能接近天堂之國的，但我們永遠不會全面進入和在天堂忍耐，或神聖的忍耐，在屈服於所有組成意願在中心的個人之外。

四旬齋

意願可能會被人類說起，因為它是決定性格形式的直接力量。當人希望神的意願被完成時，他形成了神的性格。再生意願的使用是為了單一神的展現目的。

當人的意願忠誠地遵守智慧，在它的工作中得出計畫時，這個計畫是智慧的理想狀態，它創造了人，在和諧和平靜的意識中。神的呼吸在如此的個體中會繼續所需要的靈感和知識，給他更高層次的理解。

我帶著神聖的意願去用理解來承擔我的意識，透過感謝神的智慧，證實：「不是我的意願，而是你的，被完成了。」上帝是潛在的，無形的意願；人是上帝意願的表現。我現在把神聖勢力的原則連線我的意願，為了去形成更好的執行能力。在這個方式之後，我很快帶去能力，這個能力是在死亡可以使壽命延長的緩慢行動。

我證實：「神的意願在我的意識中是至高無上的，我為我的理解而感到光榮。」

法律

第 13 天，星期三，讀《加拉太書》6:1-10,16。

神法是由神則，或上帝，展現制定邏輯的過程。內在的法律精神是耶穌教授和生活的生存之道。

神法是我們都會意識到的一些普遍的事情，告訴我們什麼時候是對的，什麼時候是錯的。它可能會被定義為固有的正確和錯誤，這個說法可能會被更加普及。這個普及並不是在實物中學習的，而是在集中注意力在基督上而得到的。人不制定法，法是在世界形成之前為人的利益而被建立的。

有一個法是在精神和心理上在不斷工作中成長的。使人從感官意識上升到精神意識。宇宙的本質是純潔和善良的。在基督的意識中，人與神法結合在一起。他變成「世界之光」。

今天我發現我是無限法擴充套件中的一個，一個在永不停止成長的原則和固定在所有生物身上的能完成上帝的完美想法的發展。

神法不會被破壞。它使人對祂的雇員的結局負責。「生活精神的法在基督耶穌中」是我心裡和身體上真實想法的行動。

我證實：「我的房子是有序建立的，我追求完美的目標。」

熱情

第 14 天，星期四，讀《路加福音》10:30-42;11:1-4。

熱情是肯定存在的衝動；它的指令是「向前走！」熱情是激勵所有事情行動起來的強大的力量；所有事情背後永恆的驅動

力。沒有熱情就沒有生活的熱情。熱情和娛樂在心所構思的每個理想中促成光榮的成就。

熱情應該被智慧所調和。一些人在他們第一次完成一項工作時會燃起熱情之火，然後在完成的過程中消失。這個需要是為了控制，均衡。

看著拉動一個巨大的火車頭；注意它是怎麼慢但又穩定地向前移動，幾乎在一開始是以英寸計算，但逐漸增加直到英里長的火車快速的消失在了遠方。

「你房子熱情之火已經把我吃了」意思是熱情這部分已經變成一個如此活躍的智力，它消耗生命力，為精神成長留下空白。過多的熱情在在宗教形式的崇拜中吃掉了純潔的精神。當我們在探索教會儀式時我們變得非常熱情，我們傾向於忘記教會本身，即基督。

神的指令就是「花時間變得神聖」。我很快對精神的投標，使用我熱情的一部分，在我身上建立上帝的王國。我不會把我所有的熱情都投入在幫助別人身上；我自己的表現對我來說是很重要的。我喜歡幫助我的兄弟，但我不允許那個主意偷偷去展示真實的自我力量。

我證實：「我的熱情是由智慧所調和的，我內外都維持了完美的平衡。」

放棄

第 15 天，星期五，讀《馬太福音》18:21-35。

過去生活的罪惡不斷累積的後果，是一個負擔，這負擔是接受它的那些人期望在以後的日子帶著它，或直到他們想出如何解決它。他們是疲憊的單車，從出生到死亡一直旅行。在耶穌的教義中沒有如此絕望的說法。他開始帶來一個豐富生活的完整意識，完全原諒，救贖所有的罪惡，並戰勝了所有的死亡和墳墓。

法是真理，真理是所有好的東西。罪惡沒有力量和現實意義。如果罪惡是真實和持久的，像善良和真理，它不會被忘記，而是被它的失敗者所永久持有。就像我進入真實和非真實的理解中一樣，一個明亮的光照射在我身上，我明白耶穌所說的意思：「人之子有權去寬赦罪惡」。

人之子在我看來是區別真理和錯誤之間的不同的。當我有這個理解時，我站在在罪惡的後果即疾病中從罪惡和身體中解放了我的靈魂的位置。在神的理解中人的「我」原諒或「為了」錯誤而「實現」真理；心靈是有序放置的，身體治癒了。人意識到這個時，他把自己放置到與真實狀態調和在一起，法就除去他所有的錯。

163

四旬齋

以神之名我證實：「基督耶穌生活精神之法使我脫離了罪惡和死亡的法則。」

生活

第 16 天，星期六，讀《約翰福音》4:1-26。

生活是一個生存階段，是證明激勵，活動和精力的表現。整個生活的意識放置了一個永不停止的生命之流。

整個種族中需要一個加速生活原則的精神；它最開始是在神聖之心的。生活是上帝的禮物。「激起你擁有的上帝的禮物」。專心思考生活加速它變成行動。說起精力、勢力、力量、生活，將會使現在的生活快速的遍布整個人。

對耶穌來說上帝的存在是一個永不熄滅的火焰 —— 一個永恆的生活火焰，讓祂感到祂每個細胞都使他感覺到越來越像活著，乾淨的和純潔的，直到祂變得潔白無瑕。

透過掌控肉慾，耶穌開啟讓所有人都擁有整個生活的路。在我們更高的真理認識過程中，我們經常意識到這個永恆之火貫穿我們。

我現在使我所有器官中的細胞活著，透過在心理上灌輸他們基督意識。這是新生，是轉換我的軀體和把它上升到電能的

新生。這是耶穌在復活時所攜帶的。下一步神聖的變化是神化軀體，或升天。

我的快速生活是現在透過我持有和重複真理的這個說明所表達的：

「我有基督的心靈。我的話是神聖的速度，他們是永遠活著的。我充分擁有耶穌基督的活力、生機和健康。」

保持

第 3 天，星期天，讀《以賽亞書》55:1-13。

我們應該記得在你年輕時，我們愛得如此美好，從沒有真正死亡；它只是在潛意識中睡著了。人們老了是因為他們使年輕時的想法睡著了。透過使用精神上的理解他們可以使它甦醒。

青春能量的甦醒對一個再生的人來說是重要的。軀體不能精煉和製造，像它的創造者一樣，在所有需要它的永恆思想之前復活永存。

基督在再生中成為了人；也就是說，人在這個過程中，他的身體恢復到其原始的純潔，它將住進永遠沒有年老、疾病或死亡的地方。在這個身體復原的過程中一個重要的步驟就是潛意識加快激發能量，這個能量是補給身體和給予重新年輕的生

活壓力。所有青春是一個人所愛的上帝的想法之一。

浪費是一個及其嚴重的罪惡，結果會是身體的崩潰。這是感官所造成的所有浪費，無論是在器官或更大範圍的世界。耶穌從罪惡中解救人，使他們準備一個完整的進入基督的榮耀王國，是即將在人世上建立的王國。

我們可以得到保持定義上的目標，透過考慮生活「把基督隱藏在上帝那」，因為隱藏的完美生活就是所保持的生活。

我現在可以結合物質的精神屬性，就如我證實：

「基督使神聖的經濟發生在我身上，我會在我生命的各個階段保持精神本質。」

耶穌基督，我們的幫手

第 17 天，星期一，讀《羅馬書》8:1-11。

如果上帝沒有計劃在我們的文明中使耶穌成為一個持續有效的因素，就沒有神所輸送的至善的目的和祂所製作的偉大的祭奠。祂展示給我們的是「路，真理，生活」，祂承諾「主，我與你常在」。祂也承諾了祂會作為一個老師與我們在一起。「當祂，真理之神，來了，祂會帶領你們走向真理。」

沒有可以人可以被忽視。耶穌的幫助之手會延展。無論你

是什麼人，無論你在哪裡，耶穌的精神意識正等待著你的心裡認知。無論你的目的是什麼，祂都會告訴你怎麼去得到它。「無論你以我之名問些什麼，我都會回答。」

基督發展心靈和身體的永恆力量，因此變成一個天堂之城和包含有上帝罪惡的領域。祂用祂的話語力量來做這些，透過釋放被囚禁的祂身體的電能和把他們提升到精神層次。

為什麼我們看不到基督？光學告訴我們人的視力是有限的。他們只能在一個非常狹窄的範圍看光線。顯微鏡揭露了一個肉眼看不到的生物世界。這些都是活著的人類視力的範圍。我們有時候能感覺到我們不能看到的東西。

證實：「我很高興在耶穌基督的恢復力量裡，現在在一個我靈魂和軀體生活的新意識中，努力地工作著。」

革新

第 18 天，星期二，讀《羅馬書》8:18-39。

每個人都相信基督或上帝的話是不能展現的；是一個主意。

革新是心靈發展想法的結果。我們是意識革新的結果，我們的意識是我們播種在心中的果實。因此精神演化是上帝的表達。這是人在神之法中工作得到成就。人性是上帝的花園，這

個花園是物質無所不在的土壤。

基督，上帝的話，人的演變是清晰的教義，在新約中就如每個人得到的至高的收穫。「為了誠摯的產物的期待，等待著上帝之子的出現。」

沒有一些明顯的基督信仰，我們就只是比動物好上一點點。當在事物精神的實質上，透過信仰，我們開始演化靈魂，歡慶「我們樂於期待上帝的榮譽」。

基督教教義教導著完整的革新之法。「上帝說，」並因此上帝發明了被表現出來的事情，上帝安排人和宇宙，並透過祂的話暗示他們去創作，正如理想原則和背後發生的內能之內的都是可見的。

我證實：「我是曾經展現的，曾經增強神聖理解的神中的一個。我整個意識成長到完美。」

耶穌的血統

第 19 天，星期三，讀《約翰福音》6:41-65。

祂透過話語的力量，基督使祂身上血統純潔和神化直到它變成一個精神上生活的河流，一個所有人都可以進入和被潔淨的河流。

祂透過話語的力量，耶穌透過天氣廣泛傳播祂身體的精神電子到人的身上。他們可能會被所有相信他的人所理解。

　　因為這個四旬齋季節我意識到我是一個在神的精神生活之流中受過洗禮的人，是純潔和乾淨的。祂血統中的電子，是我所讚揚的，是在能量的中心和在生活之內的，它們提升並強化了我。

　　基督稱呼祂為身體所祈禱的為麵包，祂的血統為酒。當我感激真理的話語時，「吃掉它們」祂如此說，我分享物質和精神生活，建立基督之體。因此我分享基督的身體和血統，真實的聖餐會透過更新心靈使身體變得更重要。

　　我相信耶穌的血統是上帝的生活中的一部分。生活的皇冠是包含在上帝存在的整個生活中的。獲得是依靠科學正確思想的理解中的。我的永生之路是在我與上帝的基督統一的理解中的。

　　以上帝之名我逐漸轉變和再生我的血統和我的身體。因此我被耶穌基督所解救。

　　認知到戰勝所有有限的道德信仰，我證實：「我很高興耶穌血統的恢復能力在我更新，恢復，和使所有潔白化的過程中發生強烈的反應。」

身體的寺廟

第 20 天，星期四，讀《馬太福音》6:16-34。

上帝創造身體的主意就像自我繁衍，自我更新的器官一樣，是人重新組合他現在的軀體。上帝創造的人體的想法，是透過思想表現出來的。

我意識到我應該有一個完美的身體和一個完美的世界，當我理解和使用包含上帝所有貢獻的話語時。因此，我宣布我的話語是由完全神聖之心和它固有想法的理解所掌控的，我自覺地要求所有我感覺、思考、說，和生活的理解，和因此穩定地在我心靈和軀體懷抱基督。

一步一步地戰勝物質思考的限度，我的身體變得更加美好和容光煥發。

我身體的法正在由心的更新而轉化。透過宣揚心靈放置真理生活的話語和建立他們軀體。當我進入和忍受上帝之子的意識，我擁有了永生，我的身體轉化成純潔的完美之神的靈動表現。

祈禱是為了祈求所祈求的好的東西。這是在一些事一些人中給予上帝的善良。因此我祝福我身體的廟宇，宣布它的純潔，強壯和美麗。我使我身體的廟宇倒滿了愛的油，使它穿上驕傲的外衣。

意識到我內心基督的身體是我靈魂思考的結果，這是維持它與曾經展現的神的組合的結果，我證實：

「上帝的話語加快了我的思維，我的身體被轉化成神的榮耀的軀體的同類品。」

神的恩典

第 21 天，星期五，讀《馬太福音》5:17-20,38-48。

「直到東方來自西方，到目前為止，祂已經把我們的錯誤去除了。」

恩典意味著好的願望，喜愛，展示仁慈的處理。因此，我們並不抱著我們自己的就像法律之下的奴隸一樣的想法，但是上帝仁慈的接受者，至上之子。

上帝的恩典普及到所有人，並不只是一個教派或信條。所有人都在上帝的仁愛中是平等的。

上帝的恩典比人的法更偉大。我們可能會制定確定的法律，限制自己，和「他的僕人就是你所服從的人」。如果我們是法律的奴隸，我們的服從會使我們死；如果我們是正義的奴隸，我們的服從會使我們生。變成神所授權的接受者，我們應該把恩典的元素變成體貼；這是超過我們詢問，尋找，爭取，或法

之下的所做所得。上帝很樂意給予。

上帝，作為宇宙中偉大的創造的原則，將會更多的在半路上遇見我們。透過變成接待者，「上帝的恩典」，我們接受上帝規定的方法，那是超乎我們想像的想法。

我意識到，「恩典和真理都來自於耶穌基督」；那就是，真正的解救，補償，轉換我在來自耶穌為種族所建立的一個世界上新的和高的意識的力量。我進入那個意識，透過信仰他和他教導和實踐的內在精神之法的方法。

我證實：「上帝的恩典使我被諒解和治癒了。」

第四維

第 22 天，星期六，讀《約翰福音》21:1-17。

第四維是具體的話和包含了其他三個維；它是真實的，是遠離時間，空間和所有環境的。它是一個過程，包含失去他們的冷漠的過程，變成神聖法律下的一部分。人類，帶著他的有限有理由的部分，被時間，空間和環境所約束。它自己可以不更進一步到精神領域，相比原因所花費的；但是當我們呼叫我們基督的急救，我們就超越原因直到純粹實現的範圍；然後我們獲得純淨存在的意識，第四維的狀態。

一個進入第四維的方法，或實現，是透過科學的祈禱，叫「沉默」的指令。首先，我帶著耶和華的話語走進，在心中持有它，直到話語啟發了所有內在意識。我現在在第四維起著作用，能注意我心中為了特別展示的而使用的祈禱方法。

我把我的注意力有力地固定在一個主意的交流上，直到這個主意使一點數量的思想物質核心化，我肯定它將會被思想的沉默力量所跟隨，那些貫穿我整個存在的正帶著事情的渴望前進。

當我的思想與那些神光所發射時，他們被創造的心靈所彎曲（耶穌所稱的「天堂」），我所要求的被滿足了。

我證實：「真理明亮的力量喚醒和加快我的意識，我能清晰的辨認了。」

安息日

第 4 天，星期日，讀《馬可福音》2:23-28;3:1-6。

真正的安息日是我們在思想和行動上都遵循神聖法律的意識。

安息日是一個非常明確的事情。它是心靈的一種狀態，當人變得沉默，進入精神領域時，進入或熟悉的狀態。在那裡

他發現真正的安息和平和。第七天意味著第七或人的精神展示階段。人在黑暗的感官意識中變得迷失了，他不能自救，所以有了安息日。當人的內心有基督，安息日，他就由亞當上升到基督。然後他進入他第七個展示階段，在那裡他發現安息以及和平。

安息日就像一個人建造的機構一樣。上帝的每個第七天都不會休息，也沒有證據顯示在一般的活動中有一瞬間的停止。我們不會在安息日的儀式上與我們的兄弟爭吵。如果說我們應該在第七天或第一天，在我們默許的任何事情上崇拜上帝。不只是在第七天和第一天我們為上帝的服務而驕傲、歌唱和感激，而是每一天。在真正的安息日中，我們的心面對著上帝的每個時刻，我們已經準備在我們的心和生活中承認祂神聖的存在。「安息日是為人而生的，但沒人是為安息日而生。」

我證實：「我在真正的安息日中休息，我的心充滿歡樂和滿足。」

想法

第 23 天，星期一，讀《路加福音》5:141。

在聖經中，想法是由魚所表示的。一個想法是原始的，最初的或無限的存在的思想：在上帝的心，整個話語或象徵中。

這個想法包含所有人演化的潛力。想法本身變成它自己造成的表現本身的演化的力量。

想法是有傳染性的。我們都被想法緊緊掌控。當想法被釋放，它們湧出生長，從心與心之間傳遞，當它們飛翔時被「記下」；當它們被高高在上的種族所表達，因為真正的想法被令人振奮的神所掌控。我們把神聖的想法帶去表達，透過使我們成為他們中的一位，變得與內在基督思想和我們神父思想的統一。

就像兒子是父親的，想法是心的。心是它的想法中的一個，神父也是 —— 上帝的心 —— 也是後代中的一個，想法 —— 兒子。心與想法是共同存在的，相互作用和交流。父與子是一體的，是意願和目的的共存，相互作用和相互交流。這是從耶穌治癒病人和起死回生的神聖生活的偉大想法中得出的。

我的聖靈是一個流入我神聖想法中的；精神特徵的活動；明白到那是來自於上帝的。這是神的激勵。灌輸給我的神的呼吸已經賦予我超級美好的生活。「祂靠他們呼吸，告訴他們說，接收你們的神聖」。

我證實：「在我的存在和基督想法的力量中，我宣布我的完美。」

175

四旬齋

治癒

第 24 天，星期二，讀《馬太福音》9:14-38。

健康，真正的健康，是來自內在的和外在能被製造的。這是人的普遍情況，一個他真實存在的條件。

在所有精神治癒中的第一步就是使用信仰，下一步就是變得開放和接受治癒生活之流。精神治癒恢復永久的健康，因為它去除了錯誤的思想並潔淨心靈。

透過信仰的實踐和我們說的話，我們神的特質溶解在基督的力量裡，奇蹟般地治癒了。

據說早期的基督教徒，在繼續創造他們的奇蹟之前，呼喚基督的新生活出現並用它潛在治癒力去灌輸他們的意識到一個可以流過他們和治癒所有那些他們幫助的人。

他們發現當他們一遍遍重複耶穌曾經行使的最有力量的祈禱時，主的祈禱，他們每個人隱藏的基督都在呼喚著行動。他們更進一步的發現第十五次他們了解到祈禱水災和所有的疾病的種類開始減少，他們的認知提升那些請求他們幫助的人的意識。所有的災難和疾病都散去了。

經驗證明了話語帶來健康的力量。在治癒自己的過程中，我告訴自己的身軀，重複有用的否認和肯定。這個提升了我的

意識，直到可以治癒所有原始力量的精神實質。

我忠誠地證實：「透過耶穌基督，上帝激發的能力遍布我整個人，而我就被治癒了。」

和平

第 25 天，星期三，讀《馬太福音》5:14-40。

莎士比亞：「你的右手一直掌握著溫柔的和平，對沉默的嫉妒之舌說。正義且不畏懼：讓所有在你上帝之國和真相中結束你的目標。」

那些推動世界前進的偉大思想浪潮都是深邃思想家們設成的行動。

和平和神聖實質的理解在於它有內在接觸時提升心靈。當我們知道神在轉換心靈和軀體所做的工作時，我們應該看到個人野心的崩潰釋放了難以影響的精神想法。

耶穌重新回到所有不和諧的源頭，並展示了所有抵抗和敵意是怎麼被停止的。祂並沒有停止討論事件是否正義，但是祂說，「立刻同意你的對手」；「如果有人跟你打官司，脫去你的裡衣的，你連外衣也給他。」對凡人來說這看起來很愚蠢，但耶穌說出了內在的智慧，即知道允許所有形式的對立思想形成是非

常危險的。他知道普通法的公正性會使所有事情變好，如果人相信它並停止爭取權利的心理戰。基督會完成所有的事情，和平之君，承擔了我們所有的事情。「我給了你們我的和平。」

我讚揚上帝，為了我自身更高層次的和平。我很高興身處在聖城之內。用我內心的視力我看見門大開著，神聖的和平遍布我的意識。

我證實：「我的心與祢同在，我在祢的和平和力量中休息。」

天堂

第 26 天，星期四，讀《馬太福音》13:24-53。

上帝把意識的兩架通用飛機理想化了，天堂或地球，更準確地說「天地」。一個是純淨理想的領域；另一個是在思維模式中。上帝並不直接創造可視的宇宙，就像人鋪出了水泥路，但他得出這個想法是用神的智慧的幻想和樣子來製造宇宙的。因此上帝的創造力經常是精神上的。人的創造力在根據他的理解在物質和精神上結合而得的。

耶穌，和所有要求與精神事物親密的熟識的人，給予確切的天堂地址。「上帝的王國與你同在。」這個王國現在準備好了。「這個場地……是白色的，已經可以收穫了。」條件已經成

熟。但是隻有那些有願意把他們在人間的財產拿來交換的主意的人才可以進入。每條人間的連繫都必須切掉，每個凡人的愛都要被十字架所扼殺。

這是耶穌進入這個王國的方法，祂的方法就是我們都必須使用的方法。

天堂無處不在。這是人心中有序的，合法的上帝，軀體和事件的王國的調整；這是基督的意識，神聖想法的領域，上帝思想的國家意識的調整。天堂在我們每個人心中；一個地方，心靈意識之球，擁有所有屬於天堂的所描述或想像的吸引力。

我意識到信仰神和我的善良的最終支配將會把我從我所繼承的恢復到天堂般的意識。

我證實：「內在的天堂是完美生活，物質和智力之一，我很欣慰。」

道

第 27 天，星期五，讀《約翰福音》5:19-47。

道和真理是一體的。神聖道是普遍意義上的真理，或就如它從屬於耶洛因神。我們有原則才會滿足。

普世道義，星球的神，耶穌所表達的方式。耶穌完成的同

樣的工作是所有人完成的,雖然可能會很慢。

這說明道是在確定的法律說明中保持建立自己。

你越是經常給自己的思想呈現一個合乎邏輯的真命題,這內心的自我理解感覺就越強。

就如道的音樂是由舌頭發出的,來自想法的心的道也是一樣。因此上帝,如道一樣,在表達神聖心靈的過程中移動。

每個人的心可能會在意識上透過內心的基督統一神聖的心靈。透過確認內在與崇高認知,我們逐漸了解到耶穌基督完美的心靈。

「你有這樣的思想,同樣也是在耶穌基督的:那個存在於上帝中的人,不算在上帝平等的存在中的一個被抓住的事情,但放空了他自己,成為了奴隸,被製造成人的模樣。」

我證實:「道就是真理。我知道真理,真理讓我自由。」

奇蹟

第 28 天,星期六,讀《馬太福音》14:15-36。

我們意識的第一個奇蹟是水變成酒的思想的轉變,透過介紹一些「神的使者」或真實想法的意識。

在現實中,奇蹟是發生在一定條件下,更高法律所要求的

結果的事件。

上帝從不執行奇蹟，如果奇蹟意味著從普遍法的出發點。先知所做的一切事情是為了執行固有的法律和給每個人的發現。

以利亞用他思想的力量去探索原子，沉澱大量的雨水。耶穌使用同樣有活力的思想力量去打破原子的連繫而組成一些烤物和童子午餐的魚，則五千人得以餵飽。

科學是發現奇蹟的 —— 在宗教的活力上做功夫，但是科學並沒有綜合理解人的活躍思想的直接力量。所有所謂的奇蹟工作者宣揚他們自己並不產生奇蹟；他們只是優越實體的工具。

耶穌說：「那些相信我的人，我做的工作，他也應該做。」當我繼續實踐精神部分，我應該強化他們，更好地理解他們，我應該停止談論所有像奇蹟一樣的事情。

我證實：「耶穌基督明確的頭腦支配著我所有思想，我分辨出神無處不在的法。」

得勝者

第 5 天（激情）星期天，讀《約翰福音》20:19-31。

一個得勝者是能認識到他自身存在的真理，更新心靈和身體，透過在他追思彌撒看到他們的時候從舊的凡人信仰改變到新

的改變他的思維中的一個。他是展示神法的人，並不只是表面的生活，而是在內心深處的意識中。神的力量，優勢，和領土是戰勝者獲得的。「戰勝的人，我將賜予他坐到我的王位上。」

戰勝的方法，首先，把某人自己的信仰放置到實現為人之子的位置上，第二，在每個思想和行動上展示它的忠誠。心法中的一個方法是他變成像他證明自己的那樣。基督是完美模式中的一個。每個人都渴望戰勝所有錯誤。每個人都應該，因此，有智慧和把自己和基督區分開來。

沒有外在條件或環境可以使人成為奴隸，當他與上帝有心靈接觸的時候。

這是對戰勝者來說的，當耶和華說，由一個老的先知說出，他說：「我將會把那些年蝗蟲所吃的你恢復。」

我們有很多祝福。開始讚揚上帝所給予的所有豐富的東西；你的話將會摧毀無處不在的乙醚，好處將會從四面八方湧向你。

我必須做得像世界的戰勝者一樣的事是去幫助你建立一個新的種族意識，一個新的天堂和新的地球，「有正義在其中」。真實地面對我對真理的最高理解，我從沒因為任何原因而拐向左或右。

我證實：「我是一個戰勝者，耶穌基督使我在實現祂的恩典和力量中休息。」

耐心

第 29 天，星期一，讀《希伯來書》11:17-40;12:1-6。

耐心是一種心態，把世界看成一個和睦的基督思想，個人思想之外的自由。這是一個心靈的態度，描述了鎮靜，冷靜，和安靜的信任的性格特徵，特別是在面對困難的情況下。它有愛作為基礎。「偉大的和平使他們愛你的法律；他們沒有跌倒的緣由。」

耐心發展的第一個必要條件是精神理解。我們更大範圍的生活，感受到的更多自由，我們也免去了那些專注在個性上的人的摩擦和侵蝕。

無論一個人是否是病人或依賴自己生活的視野。如果他是自私和自我為中心，活在物質中的，以興趣為先的人，他就缺少構成耐心的品格。

我們可能會得到耐心的禮物並好好使用它。我們可能由信仰而得到，然後在每個日常實踐真理的存在部分中得出結果。

耐心使人能自我控制，我們展現能力而去指引我們的行為走向正確的方向，靈性的結果。

我認識到我正在用神聖的耐心去餵養我的意識。當我的思想與神法協調好時，它們使我的身體變成上帝那樣美麗，堅不

可摧的廟宇。「讓我們與耐心一起走向在我們之前建立的種族，看著耶穌，我們信仰的作者和完美的人。」

我證實：「平靜，冷靜，信任的神現在完成了所有我心所渴望的。我在平和中休息。」

神聖審判

第 30 天，星期二，讀《路加福音》6:37-49。

人類的審判是心理評價的行為，透過比較法或對比法。聰明的人經常評價他的同事。神聖審判是精神意識。當我們對我們神性的實現非常清醒的時候，內在的光開始照向我們，我們知道了真理；這個加速了我們審判能力。這個能力可能會在兩個方法上被練習：從感覺或精神的理解。如果它的行動是基於感覺的，他的結論是易犯錯誤的和經常處罰的；如果是基於精神理解的，他們就是安全的。

審判能力分辨了真理和能力在正義上的平衡。在聖經中，審判經常是要求神聖思維的行動，在它審判工作的實施上，特別是人透過正義之法的執行中得到的經驗。人把這個能力贖回，透過在絕對中放置它，透過宣布和認識到它的原始上帝和所有它的結論都是基於真理的。這個讓「我」開始有序建立思想世界的工作中心。

我不評論其他人，關於他們的罪惡和無辜。我思考自己怎麼在站在神父的眼中。我開始改造自己。基督的審判之椅在我之中，真假之間的一個評論或辨析能力是作為一個戰勝者而日日在我心中的；我每天收割我思想和行動的果實。

我證實：「我的審判是公正的，因為我尋找的並不是我自己的願望，而是神父的願望。」

精神實體

第 31 天，星期三，讀《馬太福音》13:3-9,18-23。

有一個豐富多彩的王國，他將會被那些尋找它的和願意遵守它的法律的人所找到。物質存在想法的範圍內，當它被一個熟悉它本性的人所持有時它是有力量的。

精神物質是所有物資財富的源頭，不會損失或被人類思想所毀滅。這是與我們常在的，準備被使用的，使意識強而有力的和肥沃的。在這個連繫中耶穌說：「我有肉吃，你們不知道。」

就如地球是普遍可以培育所有植物的東西的模型，所以這個無形的精神物質是普遍想法繁榮發芽和成長的模型，根據我們的信仰和信任而來來的。

我知道任何種子一般的話會種植在無處不在的精神實質

上，發芽，成長，帶來「其種類」的果實。就如農民選擇最好的種子種植，我必須選擇字詞，那些可以帶來豐收的。

為了能控制神聖物質，我用心抓住了它；也就是說，抓住這個想法是背後實質。正確的思考是必須的，使我的心帶來正確的結果。

我證實：「神聖實質流入了我所有的意識，並透過我而使我所有的事物成功。」

贖罪

第 32 天，星期四，讀《約翰福音》17:1-26。

耶穌在使人進入神父王國的開放道路中造成了重要作用。這是由祂戰勝死亡的信仰而完成的。

贖罪意味著上帝和人之間透過基督達到和解。耶穌變成一個所有可以接受它可能讓更高意識「過去」的人。我們已經透過他贖罪。

「基督……那些在祂的軀體上裸露的樹，我們因為罪而死，可能會活在正義中；你被那些雜牌東征軍所治癒。」

整個種族都被自己的思想之網所抓住，透過懶惰的無知，將會停留在那裡，沒有一個組織被破壞，路上的更高的燈光被

照射進來了。

如果你是被大型蜘蛛網所抓住，有些人造了一個你可以透過的洞，你將會去到那些可以使你逃脫的洞。耶穌在種族思想中建造這個洞，因此大開門去到精神領域。

他的基督教徒有一個活的上帝，住在他那和由他代說的上帝。是一個宗教生活，也很純潔。人是被生活的；不僅僅是像一個蠟燭一樣半死狀態活幾年，然後帶著劈啪聲死去。基督的人是燈，在一個無處不在的能量中以永恆的趨勢成長。

我用這個力量統一宣布，我證實：「耶穌基督補償的話，『我復活了，生活讓我完整和完美。』」

變形的山

第 33 天，星期五，讀《馬太福音》17:1-13。

變形經常是由易變的心所造成的。在變形中，理想由物質狀態提升到精神狀態。

上山去祈禱意味著一個思想提高和渴望從凡人到靈性的觀點。當心在心靈能量的快速輻射的祈禱中尊貴時導致一個耀眼的光輻射到身體的所有部分，特別是頭。

即使是我們所謂的身體揭露了一個發光的軀體，（耶穌被稱

為坐在祂榮耀的寶座上），交織著的器官的億萬細胞和鮮明的鬍子。耶穌在門徒變形之前給了他們一個他發光身體的一瞥。「祂的臉像太陽一樣光芒萬丈，祂的衣服和光一樣白」。

祂領先精神意識很多，發展成為了一個比我們種族任何人更大的等級。但是我們都有那樣有光的身體，它的發展在我們精神文化中是占有比例的。耶穌不會受賄，但是在祂強烈的精神奉獻中，把每個細胞變形成為內在神聖之光和力量。當約翰有奉獻精神時，耶穌出現在他面前，「祂的眼睛是火焰，祂的腳像磨光的黃銅。」耶穌今天活在一個貫穿地球和它的環境的王國內的一個發出榮耀之光的軀體中。

耶穌是我的引路人。以他之名我證實：「在神聖精神之光中我的心和軀體容光煥發的，我是勝利的，光榮的，精彩的。」

變化

第 34 天，星期六，讀《約翰福音》2:1-11。

韋伯斯特：「變化 ——『一個元素轉換為另一個的轉變』。」

意識變化是一個改變行動和性格而統一的精神標準。有一個很好的說法是心是坩堝，那裡理想可以轉變為現實。

耶穌說所有的力量是在天堂和地球上給祂的。祂在一個餵

食超過五千人的多種多樣的烤物和魚的小方法中展示祂的力量，在其他各種例子中，祂展示了祂已經有物質轉變的理解。祂使祂的肉體遠遠上升到能量等級。

在比之前所能到達的潛在生活和物質中。我們看到不是心，而是身體從自然發展到精神的過程中被影響。

偽善者的影響和希律王（在 8:15）代表了有限的思想。當我們嘗試著把神法結合到習慣性的表達途徑和嘲弄任何超出界線的事物，偽善者在影響就對我們有作用了。當心被上帝無處不在的物質和生活所肯定，我們不只是被餵養，而且還有剩餘。這是耶穌教導的，而且經常被他忠實的跟隨者所證實。

我了解到透過法律的變形，我意識中的每個錯誤都將轉化到與精神一致。

我證實：「我的精神使我的身體轉化為純潔精神物質，我的靈魂愉悅。」

聖枝主日

聖枝主日，讀《約翰福音》12:12-50。

聖枝主日是復活節前的星期天。耶路撒冷，聖城，在我們看來是代表著和平的住所，和平的財產，和平的視覺，我們的

繁榮住所。

　　在很多人眼中，耶路撒冷是持久和平的精神意識，即影響精神風度和自信的精神力量的不斷實現的結果。耶路撒冷代表心臟背後的偉大神經中心。從這個點看，神發射它的光芒給身體的所有部分。

　　耶穌象徵著我們的「我」的身分。祂去到耶路撒冷意味著我們到達最後一步，在展示到最後一步的準備中，當個性完全釘在十字架上的時候，基督勝利了。

　　耶穌騎驢進入耶路撒冷意思是完成的時間，當我們的神性「我」掌控和舉起所有動物勢力到統治權，純潔以及和平的精神飛機時。

　　當「我」掌控著身體時，一個事情的新秩序開始了。活力就不再是徒勞的。高尚的和純潔的理想使整個意識提升到更高標準。

　　群眾讚美神，在耶穌之前傳播他們的衣服和樹葉，代表快樂的服從和當戰勝錯誤的心態時一個人給予的所有思想。「祂是有福的，在耶和華的名下。」

　　以基督耶穌之名我證實：「祂的聖靈鼓舞耶穌與我住在一起，我被完美的製造。」

新物種

第 35 天，星期一，讀《啟示錄》21:1-7;22:1-7。

「這些東西都應該是一個崇高的種族，比世界已經知道的都要高，他們的靈魂有自由的火焰，他們的眼睛有知識之光。」

「國家連著國家，陸地連著陸地，自由的人們活著無武器的地方：每個心和腦子都將悸動，一個友愛的脈搏。」

時間成熟在新物種的來臨，精神化的人的來臨。這些將導致，不是由奇蹟或上帝的允許而成的，而是人的逐漸完善，從肉體到精神。

真正的戰勝者是使自己具有成為超級種族中的一員的資格。這是很好的，對如此一個培養天真爛漫的精神的人，和放棄所有緊張的努力，即使是為了靈性。在實現保護，愛，所有害怕中，焦慮將會被移除，豐富的生活，會發現進入意識的簡單入口，帶去強壯，健康，永恆青春和生活。

人的精神和諧很大部分依賴在正確的內外意識領域的關係中。表現是法律的生活。無論表達變成什麼。我認識到，作為一個戰勝者，我正在為整個世界工作，建立一個新的種族意識，「新的天堂和新的地球」。

我證實：「上帝之法的補償正在喚醒我，我是耶穌基督的新的人。」

神火

第 36 天，星期二，讀《使徒行傳》2:1-21。

火代表著積極，肯定的心態，消極的反面或水汪汪的狀態。

神火（聖靈）是行動的上帝之道。它燒掉消極意識的渣滓，揭示出基督。火舌代表思想，演示神存在和力量。火焰標誌著我們心中燃燒的直覺之光。

當直覺之光（火焰）在我們心中燃燒，沒有物質損失。思考時有一個震動的過程，用光了神經組織，但是心中的智慧中這種「灌木」或組織是不會被消耗的。這就是「聖潔之地」，或神識中的物質。當人到達這個他必須從他的理解中脫下所有有限的絕對思想（「脫下你腳上的鞋」）。

神火是惡魔和錯誤破壞的象徵。神火從沒停止他的生活——給予，淨化光輝。它的所有錯誤都被意識所燃燒，純潔化的人會證明這個「火」就是整個生活。

我保證我全都潔淨了，純化的工作將會被完成。「我們的神是是一團消耗中的火」，他也是生活、愛、物質、力量、智力、真理。

以基督耶穌之名，我證實：「聖靈閃耀清潔，純淨的火焰，在整個靈魂和軀體中，我是完整和完美的。」

聖餐

第 37 天，星期三，讀《路加福音》22:1-23。

「當他們吃的時候，耶穌拿著麵包祈禱，然後撕開它，分發給門徒，說：拿去吃，這是我的身體；然後祂拿著杯子，表達感激，分發給他們，說：全都喝下，因為這是我立誓所喝下的血。」

喝血和吃掉耶穌身體的第一步是決定這整個聖經回到最初的想法。唯一的適合這些想法的方法就是透過非常高層次的心靈活動，如祈禱。

舉行聖餐的好處就是接受基督，那個我們在思維和心靈裡面都慶祝的來臨的人。在教堂使用的麵包代表著物質，即我們認為的主的身體，神識的身體；酒代表著祂的血液，即我們認為的生活，或我們思維裡流通的神識，會純淨我們的思維，心，更新我們的優勢，讓我們從所有腐敗，罪惡和惡魔中自由出來，帶給我們豐富的、無限的上帝的生活。透過適當和同化的物質，生活在我們的意識中，我們的思維與神識混合在一起，基督的每一條纖維都調和在一起，也是生活和光。當我們的靈魂和心靈被不真實的思想和信仰清洗時，當我們以活躍的想法為能源時，我們的身體呈現出生命和神性的光芒，最後將會變成生命之光。

我證實：「上帝純潔的生活和物質是不斷更新和重建祂的神廟，我的軀體。」

蒙難地

第 38 天，星期四，讀《馬可福音》14:32-42。

蒙難地是奮鬥的象徵，是當真理被認為是一個實現時發生在意識之內的。這是一個條件，即人在他了解到上帝是他必須願意為其傾盡所有時所做的。

總是會有根深蒂固的錯誤思想存在在潛意識中，為了他們自己，他們走向新的未知力量的十字架，所謂的仿冒者，住進的基督。基督是被這些思維所大致捕捉到的，是那些試著執行他們的目標，在潛意識的黑暗中。但錯誤只能殺掉錯誤。基督本身可能會被短暫而朦朧的持有，但它不能被除去。個性被扼殺在那個十字上，當耶穌被釘死在十字架時；基督在深刻的潛意識中復活了自己，錯誤停留在絞刑上，它準備著除去新生的自我精神。

這個破壞和越過了老舊的錯誤心態和為新生所準備的是一個所有忠誠的跟隨耶穌的人的靈魂演化過程。在所有集中思想和精神素養的系統中，願望，執行部分，發揮著領導的作用。因此我的意識準備著接受這些新想法。我對耶穌說：「不是我的

願望，而是你的，完成了。」我認識到新的靈感正穩定流向我的意識，正如我證實的：「老舊的錯誤思想過去了，我是基督的新創造物。」

苦難

第 39 天，耶穌受難日，讀《約翰福音》19:1-42。

耶穌被釘死在十字架的受難是他 33 年所進行的工作的最後一步，當他升天的時候，他完全遠離了所有那些肉慾思想。他戰勝了所有肉慾趨向，即他已經有的那些他可以使種族遠離它的奴役的自由。

苦難這個詞意味著刪去那些意識上的固有心態的錯誤。這是肉體思想最後存在的主的法令，有序放棄整個基督思想所全部表達的個性。這是耶穌的苦難所代表的。

耶穌受難像是「骷髏地」。肉體思維占用了祂的大腦，祂的骷髏，祂在這裡，最後的戰役已經打響了。每一次我們放棄錯誤都是一場苦難。

耶穌在墓地的三天代表了戰勝錯誤的三個步驟。首先，不抵抗；第二，承擔神聖的活動，或接受上帝的意願；第三，同化和完成神的旨意。

四旬齋

　　我否認那個與自私聯盟的自己。我放棄凡人則我可能不
朽。我去掉身體的思想則我可能認識都精神上的身體。這是一
個有物理效果的心靈過程。

　　我證實：「贊成，雖然我走過死亡陰影的山谷，我不會怕任
何惡魔；因為你與我的藝術；你的權力，你的人，他們安慰了
我。」

在上帝那安息

第 40 天，星期六，讀《以賽亞書》11:1-10;12:1-6。

　　在耶穌受過苦難後，祂躺在亞利馬太的約瑟的墳墓上休
息。耶穌代表著區分「我」的表達。亞利馬太代表一個高尚品
格聚合的思想，一個人的高意識的狀態。約瑟代表著在所有方
面都改進性格的意識狀態。我們不只是成長到一個更寬廣的理
解，也增加活力和物質。我們在上帝那休息，同時跟隨更偉大
展示的力量而增強優勢。

　　潔淨的程度，感官意識的除去已經完成。在心理上重新看
待我們的經驗，我們意識到沒有什麼事情是真正被摧毀的，只
能是變形。信仰使我們觀察我們所做的過程，發現我們正得到
光芒四射的物質和更高生活的意識。沒有什麼是失去的。當感
官意識上升到更高層次時，所有屬於它的都由它解救。

在現實中，無形是不能被看到的、觸碰的，或由外在感覺而得，然而在它的領域中一個偉大和強壯的工作正在完成。

今天我意識到潛移默化的影響能「使全團都發起來」是真理。我的真理之話不是空的，但是靜悄悄的在點與點之間傳播的。這個過程將會持續，知道我整個意識被聖靈所激發。

我證實：「我在永世和優勢的意識中休息。我被完美製造。」

耶穌的復活

復活節，讀《約翰福音》20:1-18。

復活節是為了慶祝耶穌的復活。它的內在意義和精神意義是喚醒和提升到人的「我」的精神意識，可以在非法侵入，罪惡和燃燒物質墳墓中死去。

「我來了，他們可能會過上生活，並可能很富足」。復活提升了人的整個精神，靈魂和軀體到基督的生活意識和全體。這個耶穌做了。墳墓並不持有祂救贖的完美身體廟宇。復活被聖靈的快速力量所完成。

每一次我們提升永恆的實現，內在的生命，與神父結盟，耶穌的復活發生在我們身上。所有有限的思想和不可避免服從物質法律的都將被遺留在物質的墳墓。

　　耶穌出生在種族思想以便祂重建它。使之符合神法。祂因此成為我們的引路人，我們的救星，我們的幫手。

　　今天真理之光啟發了我的思維，我提高我神聖人子的威嚴和宣布自己成為那至高的孩子，使我從所有相信罪惡，疾病和死亡中獲得自由。

　　我證實：「與基督聯盟，我意識到我復活到了生命、光和上帝的力量。」

電子書購買

爽讀 APP

國家圖書館出版品預行編目資料

真正的四旬齋：透過節制提升精神意識，與神的旨意相結合，焚毀世上一切罪惡 / [美] 查爾斯·菲爾莫爾（Charles Fillmore）著，孔繁秋 譯 .-- 第一版 .-- 臺北市：崧燁文化事業有限公司 , 2024.01
面；　公分
POD 版
譯自：Keep a true Lent
ISBN 978-626-357-935-4(平裝)
1.CST: 基督教 2.CST: 祈禱 3.CST: 靈修
244.31　　112022603

真正的四旬齋：透過節制提升精神意識，與神的旨意相結合，焚毀世上一切罪惡

臉書

作　　者：[美] 查爾斯·菲爾莫爾（Charles Fillmore）
翻　　譯：孔繁秋
發 行 人：黃振庭
出 版 者：崧燁文化事業有限公司
發 行 者：崧燁文化事業有限公司
E - m a i l：sonbookservice@gmail.com
粉 絲 頁：https://www.facebook.com/sonbookss/
網　　址：https://sonbook.net/
地　　址：台北市中正區重慶南路一段六十一號八樓 815 室
Rm. 815, 8F., No.61, Sec. 1, Chongqing S. Rd., Zhongzheng Dist., Taipei City 100, Taiwan
電　　話：(02) 2370-3310　　傳　　真：(02) 2388-1990
印　　刷：京峯數位服務有限公司
律師顧問：廣華律師事務所 張珮琦律師

定　　價：299 元
發行日期：2024 年 01 月第一版
◎本書以 POD 印製